できる人の「書きかた」「話しかた」

伝えたいことを確実に伝える表現力

吉野　秀

トバンク新書　039

まえがき

自主セミナー『「読む・書く・話す」チカラのブレイク・クラブ』を始めて、約1年になろうとしている。その間の延べ生徒数は60人。都心の喫茶店や私の自宅近くのファミリー・レストランで喧々諤々、表現力のレクチャー・議論を重ねてきた。このクラブを発足した経緯は単純明快で、日常生活の中でちょっとした言葉・表現で関係がこじれたり、不仲やいさかいが起きている悪しき現実を解消したいとの願いだった。相手を格下に軽く扱ったり（年長面）、自分の方が優秀だと馬鹿にしたり（権威思考）、自分を最優先する（利己主義）、絶対に自分が正しい（固定観念）……。

これらは無意識のうちに表現として露出してしまうもの。もっと、相手の気持ちを慮り、理解・納得・合意してもらえる表現力を身につけよう。この強い思いで集まっている。

書く習慣が薄れてきた昨今、それに合わせて話す能力も落ちてきたと言われている。

伝えたいことが整理体系化されたからこそ、きちんと書けるのであり、きちんと話せるパスポートを手にしたと言えるだろう。もう一度原点へ立ち返って、表現力のポイントを1つ1つ丁寧に押さえる。そして、それを実行することで自分に大きな自信を持つ。これがコミュニケーションにおける創造的なシナリオだと考えている。

一流と二流の違いはどこに現れるのだろう。いで立ちや表情、品格、動作などいろいろなところで如実に出るが、中でも「書く」「話す」の表現力へ大きく投影されると思う。相手を尊重し、ユーモアに包んだ上できちんと伝えられるのが一流。聞き手を決して傷つけずに、高圧的に説得したりしない。

私はこの師匠を持っている。10年以上お付き合いさせていただいてる精神科医の安宅勝弘さんと、日本一下手な歌手で商標を得た株式会社上床社長の上床敬子さん（東京・三鷹でレストラン経営）だ。絶え間ない鍛錬もあり、わかりやすい言葉を組み合わせ、聞き手に無理・無駄・ムラなく納得させるのが共通点だ。両名の信頼度は当然高く、多くの人と情報が自然に集まってくる。その結果、ビジネスの幅もどんどん広がっていく。一流になる正攻法と言えるだろう。

「書く」「話す」を再履修する本書の目的の1つでもあるし、アッパー（上級）の人達と付き合えるようになるためのバイブルとして活用して欲しいと思う。

目次

文章・発言は広報的な情報発信

外で動いて、内向きの生活習慣を正す

第1章　なぜ書けないのか

◆滅入るメールの偏文章

携帯メールを打つ女子学生の姿は一種の時代絵だ。「打ってはコックリ。返事が来たらムックリ起きる」光景も珍しくない。会社へ眼を向ければ、隣の席同士で用件をメール交換する若手社員。一見仕事しているように見えて、上司の陰口など社内会話するケースもあるから気色悪い。連絡事項ならまだしも、重要なビジネス文書を軽々しくやり取りするので実に怖い。共にパチパチ状態と思ったら、急に電話で「これはどういう意味だ!」「こんな書き方はねえだろ」「ケンカ売ってんのかよ」と始まる展開が頻発している。

文章を書き慣れていないのに、素人乱用した挙句の悲劇。「言った・言わない」では済まない証拠物件。この現実を強く認識する人は少ないだろう。本書は「どこに問題があるのか」に気付き、加害者とならないためのバイブルである。ファースト・カッター（すぐ切れる単細胞）が増え、トラブル頻出の昨今、その引き金は1つでも減らすに限る。

へんてこメール例

①「件名」だけに用件を書いて、中身は真っ白「ニュービーズ」。
②「前略」で本文もほとんど略す「全略」族。
③「お前さん」「あんた」の銭形平次・常套句《じょうとうく》
④「いつか言おうと思っていた」の長々お説教。
⑤赤青黄色　幼稚園児のお絵描き教室。
⑥ゆうに3スクロールの「センター試験・長文読解」
⑦「実現したい」⇩「日幻死体」の大型・変換ミス
⑧「返事はいりません」の一方通行・壊れたブーメラン。
⑨返事が1回も来ないファン・レター型。
⑩メールでしか謝れない道徳・再履修オヤジ。

最近こんな体験をした。ある出版社からオファーがあり、打ち合わせを経た後に「先日の内容・条件でよろしければ、出版させていただきたい。そのために正式な企画書と見積もりを送ってほしい」との連絡。早急に送信した一週間後、私はその返信に驚愕《きょうがく》した。「全体を通して、文章化するのは難しく感じる。見積もりも高すぎる。これに関して、解決策が届かない限り、保留とする」。この文章は明らかに切り口上なパターン。高圧的な表現で相手の神経を刺激し、怒らせる典型例だ。分析ポイントは簡単。理由を明記していないのと、不適切な単語を乱用している点だ。「難しく感じる」は「どこが難しく感じるのか、それはどうしてか。こういうものを望んでいる」を鮮明にすべきだし、「高すぎる」→「ここはこのくらいに抑えたいので再考をお願いしたい」、「解決策」→「修正・再検討案」へが適切。「届かない限り」「とする」は抗議文のそれに他ならず、タブーな文章だろう。

前記をはじめ、「名誉を著しく毀損《きそん》……」「言いたくはないが」のようなメールは散見するし、これが元でトラブルへ発展する例は後を絶たない。すべては「書くこと」を軽く・甘く見た結果で、それが生む危険性を認識しないと痛い目に遭《あ》う。トラブルも虎（トラ）とブルドックがぶつかっているうちは事故ですむが、トラックとブルドーザーが衝突すれば事件になる。きちんと書けない（美しく書く必要はない）現実は、きちんと表現できないマイナスの前提条件。特に話すの分野でボロが出るのは必至。それこそ、売り言葉に買い言葉でこじれる原因になる。

◆まずは「生産量増大」に目標を置く

私は21年前に新聞社系の出版社へ就職した。入社初日から取材へ出され、帰ってきて原稿作成。研修などなく、すべてがオン・ザ・ジョブ・トレーニング（実地訓練）だった、今でも癪《しゃく》なのは無責任で勘違いだらけのデスク2人。ひとりはこちらを見もしないで、原稿を私から左手で受け取り、さーっと読んではそのまま落下させた。そこには大きなゴミ箱があり、拾い上げるわけにもいかない。もうひとりは、きちんと読んではくれたが、「ふーん」と言って付き返す。二人の問題点は書くことの意義と文章の問題点を具体的に指摘しなかったところ。評論だけなら誰でもできる。ただ、この時期に大量の文章を綴ったのが、私にとって後の果実へつながった面は否定できない。

　先日会った複数の経営者がこう言っていた。「文章をうまく書くコツはありませんかねえ」「何か短期で身に付く、これぞという文章作成術を教えて下さいよ」。回答は簡潔。そのスタンスでは特効薬などない。自分で努力していくか、高いギャランティを払って他人へ頼むかどちらかだ。言葉の訓練は一朝一夕にしてならず。ましてや、表現力とそこから発展する企画・発想力はなかなか醸成できるものではない。

「雪国もやしはめちゃめちゃ高いからー。みんな絶対買うなよ」。はなわさんが出ているこのテレビ・コマーシャルを一度は見た場面があるだろう。私は最初、「高い」は値段を表わしていて、「絶対買うなよ」と宣言するならコマーシャルなんかやるなよと感じた。数日後にスーパーへ買い物へ行ったら、雪国もやしは一袋78円。同じ容量のプライベート・ブランド商品が98円。つまり、「めちゃくちゃ高い」雪国もやしの方が安かったのだ。同商品を製造・販売する雪国まいたけ社は元々、もやしで事業を立ち上げた。その後、人工まいたけを全国へ普及させ一斉を風靡《ふうび》。約2年半前に新設した工場でもやしの大量製造へ踏み切ったのである。同社の大平喜信社長は新聞のインタビューでこう語っていた。
「もやしは根がついていると食感も見掛けもあまり良くない。ウチは新工場で機械裁断している上に無漂白。だから安全性と安心度が高いんです」。高さという言葉のからくりである。確かに量販品の大半は薬物処理による漂白タイプ。コストがかかる上に、安全性の面で評価が大きく分かれる。「こうした理念・指針を深く知ってから買って下さい」(同社長)
「絶対買うなよ」は、知るまでは買わないで欲しいのメッセージだったのである。これを決めるまで山のようにコピーを書いたという。「雪国もやし・高い秘密」キャンペーンは書く言葉から発生し、表現力を駆使した成功例の1つ。もう1つ例を挙げる。
シアトル・マリナーズで活躍するイチロー選手。大リーグへ行って早6年。入団以来、6年連続で年間200本以上のヒットを打っている。これは史上3人目の快挙だ。彼がヒットを打つコツをつかんだのはオリックスへ入団した2年目。日本で始めて年間200本安打を達成したブレイク年のことだ。日本ハム戦、相手ピッチャーは当時エースの西崎幸広。イチローはぼてぼてのセカンド・ゴロでアウトになった。イチローが打てなかったことでチームは得点チャンスを失った。イチローがチャンスをつぶしたことに他ならない。そこで彼は書き溜めたメモを元に考え抜いたのだ。「ああいう打ち方をすると、凡打に終わるんだ。それなら、あの打ち方をやめればいい」。この言葉はメモの継続性、書き続けたトレーニングの賜物とも言えるだろう。

一流人は煩雑とも表せる書くことを拒絶せず、その手間も惜しまない。そして、巧みな表現へ変換し、人を引き付けていくのだ。文章拒絶症は万病の元。すべての活動へ良からぬ影響を与えると唱える人は多い。

◆一言の違いで天地の差が生まれる

一言が仇《あだ》になった——ビジネス・シーンではよく見られがちなパターンだ。一言多かった、一言少なかったは散見するパターンだが、一文字多かった、一文字少なかった例も枚挙に暇がない。発言では「言った・言わない」が存在し、結果的にうやむや

（証拠がない限り、強い者が勝つ）となるケースが多いが、「書いた・書かない」はあり得ない。文章の怖さを物語る現実だ。だからこそコンセプト・ワークが必要不可欠。そのポイント別に解説していこう。

1　4大意識（当事者・問題・コスト・報連相）

・当事者意識

――いつも自分自身が関わっていることを忘れずに、他人事・評論家にしない・ならない。ビジネス推進者は他でもないあなた自身である。

誰も書いてはくれない。書くことが目的ではなく、まずは相手へ伝えること。そのためには、自分を主語にとにかく書いてみる思い切りが必要だ。書き渋り（書くことに抵抗感があり、異様に億劫がる）は表現力の減退を呼ぶだけではなく、コミュニケーションにおけるトラブルを生む危険性をはらむ点を認識して欲しい。

①書けないのは、書かないからだ。そして、書こうとしないからとも言える。
②書くことを義務と思うから負担になる。どこでも行使できる権利と考えよう。
③作家ではないのだから、上手・綺麗に書こうとしない。読んだ人、そして自分でもわかるように書く。
④大半の場合、どうせ人に見せるのだから、手で隠すなどコソコソせずに堂々と書く。
⑤書くことは遊び・趣味の延長ではない。一文字でも「人は殺せる」現実も自覚する。

・問題意識
——疑問・発見のないところにアイデアは生まれない。現状とその変化を継続的に把握・記録・分析し、課題を見つける。解決策（不安・不満・不足・不思議の解消）がヒントとなり、ビジネス・チャンスへつながる。

大手流通業が出す雑誌の全体売り上げが停滞した。それを問題視した社長は店舗別の売り上げデータを分析。ある店舗の特定レジだけが突出している点に気付いた。そのレジを担当している女性はお客の買い物かごの中身を見て、「今日はお鍋料理ですか。この雑誌に特集が載っていますのでご欄になって下さい」とアピール。それを繰り返すことで、雑誌の拡販を図っていた点を知る。この場面を目の当たりにした社長は即日、全店へ同じ手法の導入を指示。雑誌の売り上げ停滞を解消した。気付きと迅速な行動の重要性がわかる話で、文章作成との共通点も多い。

・コスト意識

――月給が30万円だとすれば、保険などの福利厚生や経費を含め、企業側の支出は約60万円。20日稼動で1日3万円。実働8時間として、1時間・3750円。すべて生産性に結びつくわけではないので果実投資率を3分の2で計算すると、約2500円。ムダなことをすると、1時間2500円に相当する機会損失となる。

自分で文章を書くのはもちろん、それを誰かに読んでもらうことは時間を消費すること。効率的に進めたいし、相手の時間を浪費させない点が大切。また、その意識をいつも持っているようにしたい。

・報連相意識
――報告、連絡、相談を怠るとどうなるか？

□経営資源（ヒト、モノ、コスト、情報、時間）にムダ、ムラ、ムリが生じる。
□トラブル、ミスが起こる。
□事業が停滞する。
□コスト・オペレーションが狂う。
□収益が読めなくなり、下手な場合は悪化する。
□企業体力が低下する。
□抜本的な企業改革に迫られる。
□経営資源の削減を余儀なくされ、人心が膿む。
□事業体のテイを成さなくなる。

ビジネス推進の根幹となる、特に「当事者意識」「問題意識」を短期間で強化し、具体化させる。それには、整理・報告・連絡・相談（情報の共有化）を徹底し、システム化するのが基点である。

2　現状把握⇩課題発見⇩解決策考案⇩実行のメカニズム

文章をきちんと書ける人は、伝えたいことが整理体系化されている。つまり、課題が明確になっているのだ。さらに遡れば、現状をしっかり把握。その中から、今何をポイントにすべきかをつかんでいる。課題さえはっきりすれば解決策を考えて実行。再検証して、まだうまくいかないのであれば再考案。このメカニズムを作ることで、わかりやすい文章への転換が図れる。

3　7W5Hのチェックで課題の本質を見失わない
——When（いつ）、Where（どこで）、Who（誰が）、Whom（誰に）、What（何を）、Why（どうして）、Which（比べて）、How to do（どのように）、How much（いくらで）、How many（どのくらい）、How long（いつまで）、How about（どう捉えているか）

5W2Hとはよく言うが、これだけでは肝心なところが欠けている。Why（どうして）を落とさないようにしよう。下手な文章にありがちなのは事実をただ並べただけの平板なもので、「〜だから」「〜によって」などの理由付けがことごとく記載されていない。また、How to do（どのように）も不十分だと、相手に理解・納得・合意してもらう文章へはなりにくい。伝えたいことの本質を見失わないためにも、先の12項目でプロットを作ってから書き始めるのをお奨めする。

4　支持・評価を受ける「8つの不」への着目
――不安、不満、不便、不足、不備、不測、不思議、不快の解消。

これらを解消すればヒット商品・サービスが生まれる確率は相当高まる。携帯電話は公衆電話の不便さを解消したものだし、コンビニエンスストアやパソコンは時間消費の非効率性という不満・不快を拭い去ったビッグ商品だ。文章も同じで読み手の「8つの不」を解消する水準を保たなければならない。それにはまず、「8つの不」感覚を読み手にいだかせないこと。長ったらしかったり、言っていることがまったく分からないなどの不満をいだかせては支持・評価は受けられない。

○書けない人の悪しき習慣

・電話をかけた時……　いきなり話し始める　↓「今、大丈夫ですか」

・1時間後の返信になった時……　「ご用件は？」といきなり切り出す　↓「遅くなりまして」

・発言が同時に出た時……　まず自分がしゃべる↓「お先にどうぞ」

・高い評価を受けた時……　「そんな事はないですよ」と意味のない反応を示す↓「ありがとうございます」

・「もう話してなかったっけ」と上司に言われた時……　「聞いてませんよ」↓「初めて伺いました」

○失言・暴言を知ってマイナスをなくす

・事故報道の区切りに、アナウンサーが「CMの後、またお楽しみ下さい」

・動物愛護のニュース後、「この毛皮のコート…」と通信販売の告知をするキャスター

○模言（曖昧模糊な発言）をマイナスからプラスへ変える

・前向きに善処する
・不退転の決意
・誠に遺憾に存じます
・記憶にございません
・確約の域には達しないものの
・過去の前例に沿って

○「つい言っちゃった」事件簿

・「ストライクのゼスチャーはしましたが、判定はボールで試合を再開します」（セ・リーグ審判）
・「今度は裁判所で会おうじゃねえか」（元・力士）
・「野党は線路の置き石みたいなもんだ」（某政治家）
・「とりあえず女優を口説かなきゃ、芝居へ入れないよ」（有名俳優）

・「女遊びしなきゃ、芸能界にいる意味がないでしょ」(有名俳優)
・「騙すとは、騙された人がいて成り立つんだろ」(某NPO代表)

最近は「失敗学」なる学問がある。人は失敗するという前提から、次の糧《かて》へなるように思考転換させ、具体的な行動へ落とし込もうとするものだ。特に文章作成では「何を書いているのだかわからない」「下手だねえ」などの心ない一言がトラウマになり、悩む必要性の薄いことにとらわれすぎる確率が高い。上達するためには苦い思い出とも真正面から向かい合い、実はちっぽけなトラウマの原因を取り除くのが肝心だ。

また、他人の文章を「上手」「下手」の観点、言い換えれば「わかりやすい」「わかりにくい」で読んでみる作業も心がけたい。良い文章からは長所を学べば理想だし、稚拙なものは反面教師にして、その対極を考えればいい。気に入ったフレーズが見つかればどんどん取り入れ、逆に不快な言い回しは自分なりの改良を施せば格好のトレーニングになる。

失敗の回顧と他人の文章分析は苦手意識の払拭につながるので書く目的、つまり伝えたいことを強くしぼり出すには有効。文章を書きまくる習慣を身につけるのに、背中を押してくれる準備運動である。

【課題】

1 「書く」に関して、過去に経験した失敗談を理由付きで話して下さい。

2 「書く」に関する今の悩みを、5分間で箇条書きにしてみましょう。

3 「書く」に関する今の悩みを、具体的に1分間で話してみましょう。

4 「上手な文章」と「下手、途中で読みたくなくなる文章」の違いを10分間で箇条書きにしてみましょう。

5「書く」目的は何かを5分間で考え、1分間で話してみましょう。

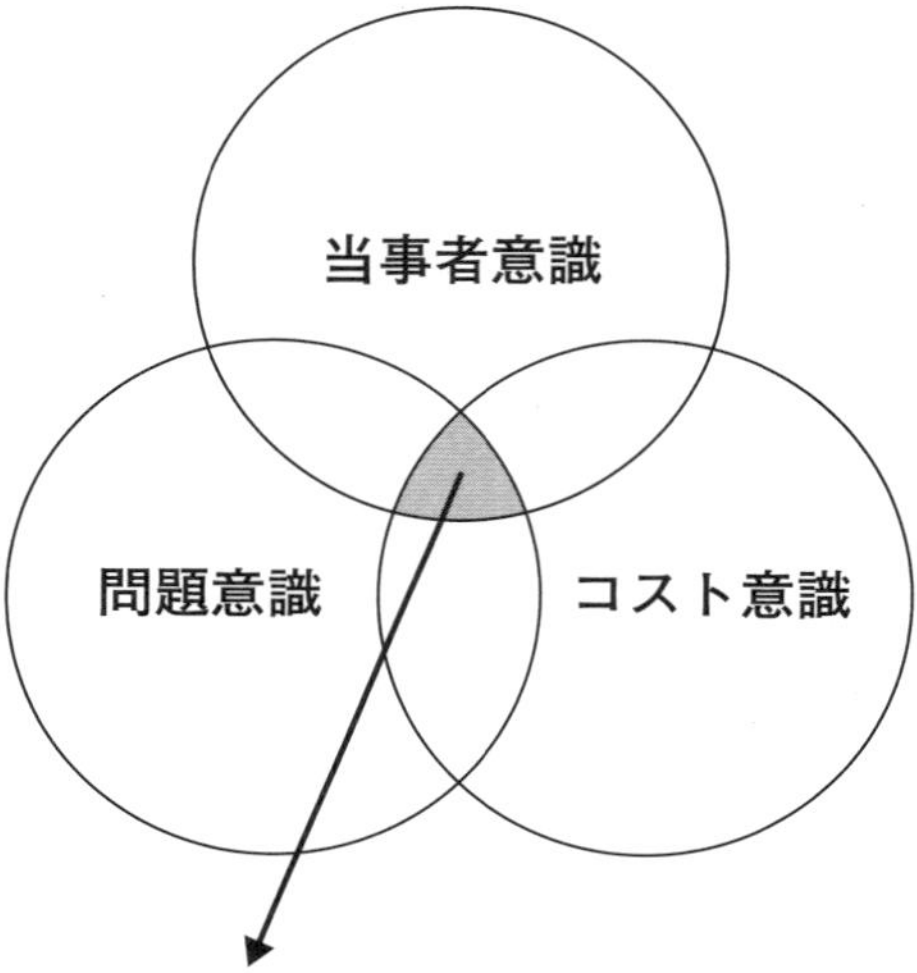

文章向上意識

書くのは自分（誰も代わりに書いてくれない）で、テーマを決めるのも自分。いかに時間をかけないで多く書くのがトレーニングの第一歩。

8つの「不」

不安	不満	不便	不足
不備	不測	不思議	不快

↓ これを解消する

- ●相手がとても満足する
- ●視点の良さから注目される
- ●開発者として支持を受ける
- ●新ビジネスが生まれる

第2章　自分に関わることから書いてみる

◆書くことを習慣化させるのが上達への早道

先に職務放棄デスクの話をした。しかし、文句を言っているだけでは始まらない。いつまでたっても原稿を出せないのでは商売上がったり。そこで多くの先輩へ助言を求めた。最初に聞いた先輩は私の原稿を見て、「まあ、いいんじゃないの」とそっけない。次の先輩は表記の仕方とか語句の使い方など各論を指摘してくれた。当時40代だった女性の先輩は原稿を一瞥して、「伝えたいことの焦点がぼけている。それをはっきりさせてから、書き込むべき。その訓練は毎日手紙を書くこと」とアドバイスしてくれた。その日から、私は毎日必ず、1枚は誰かへハガキを出した。最初は面倒くさかったし、何を書いていいか迷ったりしていたが、1ヶ月ほど経つと、自分の近況をスラスラ書ける程度まではなったと思う。何事も継続による習慣化――これを実感した体験だ。私は現在、毎朝の5キロのウォーキングをしている。初めて約1年。

最初は辛かったが、今では歩かないと気持ち悪いから面白い。

ギタリストの村治香織さんは日本経済新聞「思いを込める紙　思い感じる紙」のインタビューで、「……読書と同じくらい日記や手紙を書くのも大好きです。パソコンも使いますが、好きなペンで紙に何かを書く過程、その行為そのものを大切にする気持ちが、心のどこかで働いています」と話している。さまざまな過程を経て、現在の自分にとって再度原点を見つめなおす、基礎を確立し直すことが重要。こういう主旨で語る村治さんもまた、書くことの習慣化で表現力を磨いている。

伝えたいことを書くのだから飾らなくてもいいし、迷う必要もない。「あれこれ考えるより、トレーニングの第一歩として、とにかく書いてみろ」と私はセミナーの生徒へ口をすっぱくして言い続けた。

より強い商品を創る3つの条件

媚びない

← 堅牢でわかりやすい
経営理念・事業構想

← 社員・スタッフはもちろん、
消費者が理解・納得できる。
さらに店舗で実感可能な
ものを見える場所に掲げる。

← 戦略の明確・具現化

隙ない

← 経営資源のメッシュ・
ブラッシュ・リフレッシュ

← ヒト
モノ
マネー
サービス
時間
情報

乱れない

← 上記2つの検証
メカニズム構築

← 社内、社外、消費者

・ポイント

①「誰に」「何を」書くかをしっかり確認する

②「どのように」書くかを決めるために、プロットを創る。そして、伝えたいものに優先順位を付ける

③わかりやすい、澱まない（自然な流れ）、独り善がりにならない

・「何を」について

①エピソードが多いなど、スーッと書きやすい材料は何か

②過去⇩現在⇩未来で展開できる材料かどうか

③事実は面白い・面白くないではなく、「正しいか・正しくないか」

・タブー

①他人の名前を軽々しく使ったり、乱発をしない

②必要以上に話を大きくしたり、主張し過ぎない

③表現の重複、長い一文、誤字・脱字

◆例文から課題と解決手法を探っていく

ここで何人かの文章作成例を挙げ、課題と解決手法を考えていこう。最初は「論外」の例から。

検証例文　テーマ／自己啓発

……私はいつも自分の力でやっていきたいと考えています。理由は、今までもそうだったのですが、●●さんなど年長の方達とお話しすると、自分に対する自信を失ってしまい、それによって精神的負担を感じてしまうからです。今もそうだと思いますが、こういう状況を作り出したのは、厳しい環境に耐える

精神が非常に未熟なのだと思っています。これが正直な気持ちです。世の中的にもこれで結果はうまくいかないかもしれませんが、いつもの自分を出せる状態で、これからも望みたいと思います。

○チェックシート

例文の問題点を「ポイント」「何について」「タブー」に照らし合わせ、書き出してみよう。

・「ポイント」での問題点

・「何について」の問題点

・「タブー」についての問題点

最初だから、そしてまったくと言っていいほど書いていないのだから、まあ仕方ないと言えばその通り。しかしこれは正直申して、手のほどこしようがない。伝えたいことがあまりに自分勝手すぎるのが難点だ。当事者意識はあるにしても、問題・コスト意識は皆無に近い点は否定できない。

「私はいつも自分の力でやっていきたいと考えています」の理由に「今までもそうだったのですが、●●さんなど年長の方達とお話しすると、自分に対する自信を失ってしまい、それによって精神的負担を感じてしまうからです」を挙げている。ただ、これは理由になっていず、自分が苦痛を感じるからといった点で読み手に理解・納得感を与えることはできない。

「今もそうだと思いますが、こういう状況を作り出したのは、厳しい環境に耐える精神が非常に未熟なのだと思っています」は自己分析している面で間違ってはいないが、「世の中的にもこれで結果はうまくいかないかもしれませんが」で世間知らずを自ら露呈し、「いつもの自分を出せる状態で、これからも望みたいと思います」と整合性の取れない結論で終えている。結局は自分のゆがんだ主張を振りかざしただけで、読み手に不満感だけではなく、不快感をいだかせるものになった。「現状分析↓課題発見↓解決策考案」のチャートに当てはめれば、「未熟な私。具体的にはどこが↓その理由は何か↓それをどうしたいのか↓どうするべきか↓自分では解決策を具体的にこう考える↓それを第三者はこう見ている」で展開しなければならない。主観にとどまらず、客観的な見解も取り混ぜながら、より具体的に書いていかないと文章上達は望めないだろう。

・改良のポイント

伝えたいことを1つに絞る。「年長の人と話すのが苦手」「自分の未熟さ」「それでも自分なりにやっていきたい」。このうち、どれを言い表したいかが実につかみづらい。仮に「それでも自分なりにやっていきたい」を主張したいのであれば、自分の短所・課題をもっと分析（第三者の意見を取り入れると客観的になり、文章の説得性が増す）した上で、「自分ではどういう克服策を考えているのか」を明示。さらにそれを元に、今後どのように自分を打ち出していきたいかを具体的に言い切ると良い。この部分を文章の冒頭に持っていき、強調する手法もある。

検証例文　テーマ／バイオリン

……9歳から始めたバイオリンをやめることにしました。現在所属しているサークルは、責任もあり、来年の3月までは続けますが、それ以後は楽器を弾くことはないでしょう。

私がなぜ長い間続けてきたバイオリンをやめるかというと、3年生になり、コンサートマスターの後ろの席に座って演奏するようになったのがきっかけでした。合奏中もコンマスの考えている弾き方をパート員へ伝えるために、オーバーなアクションが求められました。体を揺らさずにじっくり弾きたい。これをバイオリン演奏での私のスタイルと考えていたので、自分の弾きたいように弾けないことが苦痛になり、楽器を演奏することが辛くなってしまいました。

バイオリンはやめてしまいますが、それ以後も練習する過程で学んだ、きちんと自分の責任を果たすことの大切さや、辛いことがあっても他の人や物のせいにせずに受け止めることを忘れずに生活していきたいです。

○チェックシート

例文の問題点を「ポイント」「何について」「タブー」に照らし合わせ、書き出してみよう。

・「ポイント」での問題点

・「何について」の問題点

・「タブー」についての問題点

前例よりはまとまり感を持つ文章ではあるが、伝えたいことの納得性に乏しい。前半部分は事実をわかりやすく記載しているものの、後半はトーン・ダウン。「……これをバイオリン演奏での私のスタイルと考えていたので、自分の弾きたいように弾けないことが苦痛になり、楽器を演奏することが辛くなってしまいました」では、「あなたは自分のスタイルに合わなくなると、すぐにやめてしまうんですか」と読み手に不信感をいだかせる。また、「バイオリンはやめてしまいますが、それ以後も練習する過程で学んだ、きちんと自分の責任を果たすことの大切さ……」で矛盾を表わした。「責任を果たすのなら、続けるべきではないか」「大切に思っているなら、他の手法は考えなかったのか」と問い詰められること必至だ。さらに、「辛いことがあっても他の人や物のせいにせずに受け止めることを忘れずに生活していきたいです」は前例同様に不整合性を露呈する結果を呼び、論旨のブレで結局は何が言いたいのかが分からなくなってしまった。

不快感はないが、不思議感をもたせる文章。7W5Hで重要な「WHY」が弱いがために、読み手を迷わせるだけの文章になってしまうパターン。例えば、「自分のスタイルは貫きたいのでサークルはやめますが、新しいステージで続けたいと思います」とか「バイオリンはやめますが、これは私の1つの良き思い出として取っておきたいと考えています」くらいの結論は欲しいところ。論拠が薄い言いっ放しは、読み手に押し付けるという逆効果を生む。

・改良のポイント

論旨のブレを修正すること、前例と同様に第三者の意見を盛り込むとかなりわかりやすくなる。書き手の心境の揺れがそのまま現われてしまった文章例で、こういう場合は無理に結論を出さずに素直な気持ちを伝えた方が読み手の共感を得る。文章は伝えるのが目的であり、結論を作り上げるものではない。そのためにも周辺の人がどう見ているかや、悩んでいる本当の気持ちをありのまま文字にする「誠実さ」が必要だ。うまく書こう、こんなことを書いたら……と考えるのは文章の艶を消す。生々しい文字にこそ、伝えられるパワーがついてくる。

検証例文　テーマ／嫌いな人

今、異様に毛嫌いしている人がいます。何かの拍子に思い出すだけで、怒りというより、反吐が出そうになるほどです。世間では口八丁手八丁、交渉上手と評されているようですが、単なる言葉遊びで人を弄《もてあそ》んでいるだけ。

　軽々しい美辞麗句や誉め言葉で人をその気にさせ、いざとなったら梯子をはずしてはいけません。いいところ取りばかり考え、王様気分が染み付いた悲しい性。こういう輩《やから》は首を横へは決して振らない柔順な子分だけを取り巻いて行動すべき。地道に歩いていこうとする人間を、言葉巧みに巻き添えとするのはもってのほか。自分の猛毒振りを強く認識した方がいいですね。

「嘘はつかない」と公言していても、「嘘と思っていない」「言ったつもりになっている」のも現実。表現へ配慮しない無神経さ。不適切な言葉を乱用し、相手を圧した上で自分を大きく見せる小心者と私は思っています。当然、周辺にも同じ様な人間が集まっていて、類は友を呼ぶを見事に体現。私との共通言語は目に見えて減っていきました。

　平常な人間関係に、「親分や子分」「兄貴・舎弟」「息がかかっている・いない」などの単語を散りばめる歪んだ表現感覚。私はこの人間からの連絡を遮断するようになりました、言葉の格好悪さと恥を知らない人間と付き合っても、何の生産・創造性も生まれず、意義や価値は皆無に違いないからです。

○チェックシート

例文の問題点を「ポイント」「何について」「タブー」に照らし合わせ、書き出してみよう。

・「ポイント」での問題点

・「何について」の問題点

・「タブー」についての問題点

かなり大人っぽい文章ではある。しかし、それがゆえに躍動感に乏しく、建設的な印象を与えない面を持つ。「誰に」「何を」書くか、発信先が不鮮明。タブーである「他人の名前を軽々しく使ったり、乱発をしない」「必要以上に話を大きくしたり、主張し過ぎない」で飛ばしすぎの感が強い。

「怒りというより、反吐が出そうになるほどです」「いいところ取りばかり考え、王様気分が染み付いた悲しい性」は主観が強すぎるし、「こういう輩は首を横へは決して振らない柔順な子分だけを取り巻いて行動すべき」「地道に歩いていこうとする人間を、言葉巧みに巻き添えとするのはもってのほか」は思いこそわかるが、言葉が刺激的なために強すぎる自己主張と捉えられる危険性が高い。

「私はこの人間からの連絡を遮断するようになりました」の理由はわかったが、「恥を知らない人間と付き合っても、何の生産・創造性も生まれず、意義や価値は皆無に違いないからです」だけでは方向性や客観的な視点はなかなか読み取れない。「私はこういう人間で」が分からない点も、文章全体をぼやけさせた原因と言えるだろう。三例に共通するのは書くことの権利を行使し過ぎた点。読み手を第一に考える姿勢に欠けるのは、文章上達を阻害する要因の1つだ。

・改良のポイント

誰にメッセージしたいのかを明確にするのが最優先。これがあいまいだと、ただの文句・グチに終わり、伝える前に読み手から拒否反応を示される。書き手と毛嫌いしている人との関係で、具体的にどんなことが起こったのか。また、それを他の人はどう捉え・どのように認識しているのかを入れる必要がある。自分の尺度だけで発信する感情論にしないためだ。さらに個別論と思われないよう、コミュニケーションの基本ルールなど誰でも納得できるような一文で締めくくる。こうすると、「言いっ放し」の印象はかなり薄らぐだろう。

習慣は10日間でほとんど身につく

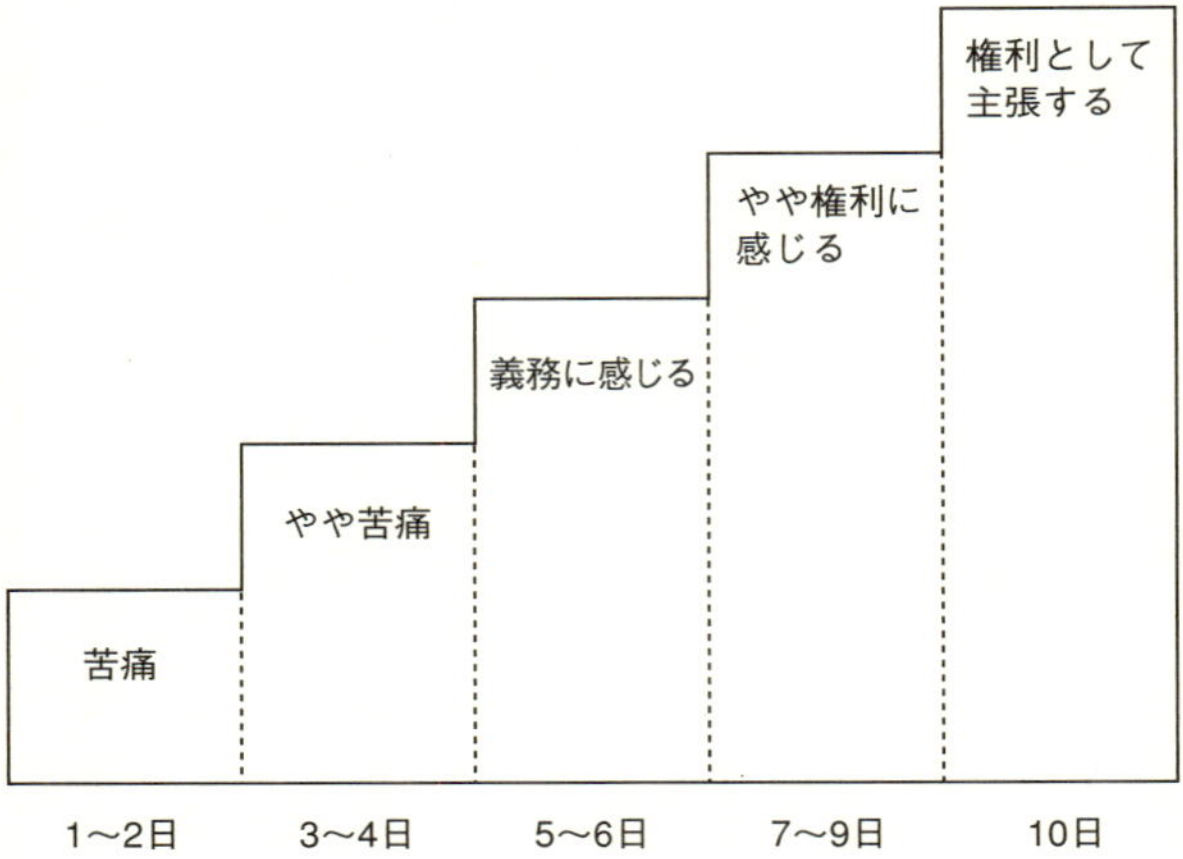
苦痛
やや苦痛
義務に感じる
やや権利に感じる
権利として主張する
1〜2日
3〜4日
5〜6日
7〜9日
10日

文章評価のステップ

	定義
下手	読んでもまったくわからない
↓	
下手ではない	少しはわかるが、読みづらい
↓	
上手ではない	読みづらくはないが印象には残らない
↓	
まあ上手	わかりやすいが印象不足が課題
↓	
上手	わかりやすくて読みやすく、印象深い

書く前にチェックする三大要素

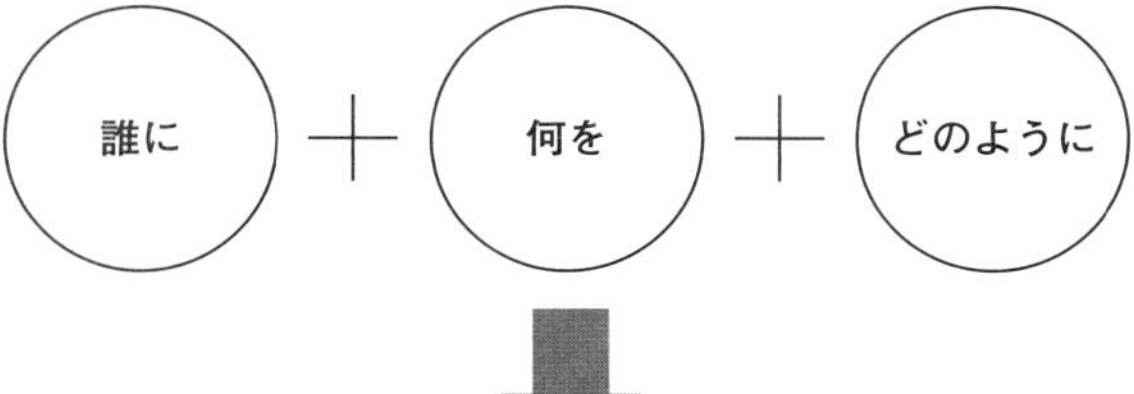
誰に
何を
どのように
文章構成の骨格ができる

第3章　整理・推敲して形にする

◆書く前から悩まず、書きまくってからから上手く悩む

動物は迷いこそするが、悩みはしない。悩みは人間に与えられたある種の宿命。しかし、このドツボへ嵌ると精神的に追い詰められたり、何も手につかないケースも少なくない。急増しているうつ病の大きな理由でもある。悩みは誰かに話せば、半分は解決する――こんな言われ方もされるが、本当に根本的な解決に至るのだろうか。悩みを義務と捉えればつらい。一方で「権利」と認識して、それとの付き合い方を身につけた人は強い。前が開ける。運が付いて回る可能性が高まる。大きなポイントは2つ。悩みへつながる要素を事前に1つでも多く切り離していく事。そして、悩まされないで・上手く悩む事。達人たちの実例を盛り込みながら、特に「書くこと」に置ける速効思想・手法を掲げていこう。

①悩みは最初に戻れ
②戻ったら、徹底的に追い詰めろ
③死んだ気で考える必要はない
④他人と比べるな
⑤肉親へ相談するな
⑥口の悪い他人に聞け
⑦聞いたらメモしろ
⑧悩みを書くな
⑨悩みを隠すな
⑩悩みを飾るな
⑪悩み続ける時間を数値化しろ
⑫同じ悩みの人間に近付くな
⑬大いに表情へ出せ
⑭側近をごまかすな

⑮気分転換に浮かれるな
⑯食べるものをしっかり見ろ
⑰ちょっとだけ時間を捨てろ
⑱悲劇を喜劇へ変えろ
⑲喜劇は感激へ変えろ
⑳感激は刺激へ変えろ

◆発想、着想、企画、アイデア

どんなに大手・有名企業でも既存事業の安定・継続に加え、新規案件の掘り起こし・開発・実現は欠かせない。中でも新規参入では、競合他社もある上に数々の「障壁」がある。その差異・具現化の道筋と内容に企業真価がそのまま表れる。5S（サプライズ・シンプル・スピード・センセーショナル・ソリューション）は変わらぬ決定要因。実例を紐解きながら、要諦の詳細をしっかり押さえたい。

言葉で見る、使えて・射抜ける創造の法則……「何と、ホウレンソウ、好味覚」

・軟頭（軟らかい頭）

・報連相（報告・連絡・相談）

・行見確（行動する・見立てる・確かめる）

多角的に現象をとらえた上で、消費者を中心に大勢の意見を素データにするのが前提。さらに、そこからあがってきたスタッフの報告・連絡・相談内容を重視する。報連相は「させる事」が目的ではなく、市場調査へつなげる発想転換で。日常の肉声の中にこそ、不満・不安・不足に関する現状把握と要望ヒントが潜んでいる。実際に検分するのが行見確の理由。いくら斬新な企画でも、きめ細かい立証がなければ、事業化への信憑性は増さないだろう。

ビジネス・ボーン　「7O（7つのお）」レシピ

おもしろい（面白い）　おいしい（美味しい）　おうどう（王道）を行く

おく（奥）が深い　おりじなりてぃ（オリジナリティ）　おんどさ（温度差）がない

おどろく（驚く）

　オリジナリティはもちろん、面白い・美味しい・奥が深いは次のカンカラヒロイに相通じる。王道は奇策・怪作へ走らない姿勢を意味する。きわものはそうそう通用し続けられない。「温度差がない」は消費者との距離が近い様子を示す。普段の生活で「これがあれば●●が解決する」と頭を悩ましているものは何か？　2つを考え合わせると、企画→事業化の道筋をつける原石はそこらじゅうにゴロゴロ転がっている。

カンカラヒロイ

カン……簡単、簡易、簡潔　カラ……カラフル　ヒロイ……広い

　「わかりやすい」は相手を理解・納得させる大きな条件。難しい事を翻訳するのがプロの役割だ。しかし、あまりに素っ気なかったり、専門分野に絞り過ぎた商品・サービスは魅力に欠ける。痩せ過ぎた女性が一流モデルへなれないように、ネーミングや仕掛けで肉付けする必要があろう。1粒で2度美味しい論理に倣《なら》い、応用・汎用性も考慮するのがツカミの鉄則だ。

アイデアの芽を摘む「あかさたな」トーク

あのですね、いみてき（意味的）には、うちの場合は、えーっと、お話しの腰を折るようで、かんかく（感覚）で言えは、きゆう（杞憂）に終わらなければいいけど、くいつき（食い付き）が悪いんじゃない、けつろん（結論）はわかりやすく、これがマーケでしょ、さじぇすちょん（サジェスチョン）してよ、しゅうし（収支）合わせてよ、すこーんと抜けるような、せぐめんと（セグメント）してくんなきゃ、そりゅーしょん（ソリューション）が肝心でしょ、たりき（他力）本願じゃ駄目、ちゅーにんぐ（チューニング）頼むよ、つち（土）の匂いが大切、てんしょん（テンション）あがらねえ、とーん（トーン）ダウンしちゃった、なんて言うかあー、にゅあんす（ニュアンス）的には、ぬいて（抜いて）話すと、ねえねえ、のり（乗り）で話しちゃうと。

事業へつながる可能性が高いアイデアは、世間話などひょんなところから出る。それを聞き流したり、右記のようにおちょくってはいけない。かすみを食ったり、理屈だけで生きる人と新規案件を話すべからず。

◆物事を考え抜き、創る

ビジネス・シーンでは企画倒れやプレゼン・ミス、段取りのしくじり、拙速による不十分な詰めがよく見られる。１つの不備で出産へ至らなかった事業案は数多い。ポイントは正確で緻密な現象分析。失敗を失敗だけに終わらせず、直面した問題から学んだ事やその場面で受けたアドバイスを今後へしっかり活かそう。ビジネス社会では「自分＝プレゼンター（資源提供者）」と考えるべきだろうし、そのためにも、ＳＡＭＥ（セイム）法を知って欲しい。

Ｓ　search（調べる）

……問題の種類や大きさ、原因分析を軸に全体像と詳細を洗い出す。

Ａ　announcement（告知）

……自分の体験で学んだ事を、適切な表現で周辺へ理解・納得させられるか。「あの人の話はためにはなりそうだが、よくわからない」といつまでも言われていては、ビジネス・スピードを緩めるだけ。

M merit（周辺へ与える利点）

……発言や文章などの表現を通じて、周辺へどの程度のメリットを提供できるか。逆の立場では、「▼▼さんから話しを聞いた場合、プラスになる確率が高い」と認識されるのが重要。

E evidence（証拠）

……以上を立証するもの。今までの例や今後の自分の展開案も示す。

どんなに素晴らしい内容でも、①整理体系化されていない、②ポイントがはっきりしていない、③わかりにくい、④信憑性が感じられない、⑤長ったらしい――以上のような状態では価値はほとんど見出されない。

◆陰で笑われるマイナス・キーワード

「この事業におけるリスクはどのくらい?」の発言をどのくらい聞いたことだろう。ひどい場合は、「人の採用はリスクしかないから」「リスク・ゼロなことしかやらない」と公言する経営者も。「正社員へは一定期間、当社の人材として的確かを見極めたい」「ウチはまだ若い会社なので、時期を見て手掛ける方針」など、同じ内容を言うにも表現は複数ある。示し方1つで人の感情を逆撫でし、要らぬ誤解・曲解を受けるわけだ。流行り言葉を駆使するには、精緻な表現力が不可欠。単なる受け売りはセンスを疑われるだけではなく、人間関係をあっという間に崩壊させるから怖い(●は企業トップやジャーナリスト、経営コンサルタントなどのコメント)。

1位……リスク

●「リスク、リスクと口にする奴が一番リスクだと思う」

●「社員を採用するのがリスク？　現実は、あんたの会社へ入るのがリスク」

●「モバイル関連起業の営業マンが『ウチのリスクはほとんどないですよね』。若いのに、いいとこ取りばっかり覚えると、いつかしっぺ返しに合うよね。社長の見識も問われる」

2位……自己責任

●「こんな事、原始時代から同じではないんですか」

●「これを多用するなら、（仕事上で起きた）事故の責任をとって下さい」

●「反対語は他己責任？　変な言葉ですね、会社が責任を全部取ってくれていたんですかね」

●「何歳から必要な言葉なのかを知りたい」

3位……コラボる

●「一緒に仕事をしたくない人に限って、乱発してくる」

●「ジョイントやアライアンスは同義語でしょ。しかし実際、エライアンス（組んでやるの高飛車）、トライアンス（お試しだけの付き合い）、ワライアンス（連携・検討内容が笑止千万な内容）、モライアンス（いいとこ取り）の不届き渉外担当が多いよね。」

4位……ビジネス・モデル

●「いくら説明しても理解不能な記者がいる。だいたい言い放つのは『見えないんですよねえ』『もっと、ディスクロージャー（情報開示）して下さい』『かなりファジーですね』」

●「特許申請できるものです。全部明かせるものじゃないよ」

5位……費用対効果

●「労働、時間、情報と合わせて考えなきゃ。博打やっているんじゃないんだから」

●「人脈創るのも費用かかっているんです。『最近頑張っていますね。話を膨らますために、ぜひお手伝いしたい』と、擦り寄ってこないで欲しいです」

6位……回収

●「投資額の相殺を示すのはわかるが、借金取りのようで極めて下品な表現。ゴミ収集じゃあるまいし」

7位……痛い話

核心を突かれた時に使う。こっちだって、好きで指摘するわけじゃない。

8位……ノー・アンサー

都合が悪くなると逃げ回る輩の急増。一方的なメールで脆弱な釈明を続ける。

9位……ウィン・ウィン

「ギブ&テイク」の進化形。コラボと同じで、変なのと組めば共倒れ。

10位……ソリューション

「あんたがいるから、課題が解決しないんだよ」ってヤツに限って使う。

◆整理とはまとめること、推敲は練り上げる行為

ビジネス・シーンでは企画倒れやプレゼン・ミス、段取りのしくじり、拙速による不十分な詰めがよく見られる。1つの不備で出産へ至らなかった事業案はいっぱいあるはずだ。問題は堅実な整理と推敲。役割分担に沿った人繰りと、最大成果を追求する点だけではなく、素案を形にする原理原則である。良い結果・実績（「結果を出す」の表現はよく使われるが、「悪い結果」もある）だけが高く取引される時代。ビジネス社会では自分＝商品と割り切るべきだろう。自価（自分の価値）を上昇させるのがプロモーション（販売促進）の端緒。高い表現力が重要な理由はここにある。集めた素材を整理するのが第1段階。これは読み手をに伝えやすくまとめる（体系化）ことを意味し、推敲は練り上げる作業。主旨を肉厚にし、贅肉をそぎ落とすことで必須段階。多くの眼を通して、丹念に洗い上げたい。「口のきき方を知らない」どころか、

「文の書き方も知らない」と揶揄されないためにも。

経済紙誌はヒント発掘の宝庫だ。米国・日用品大手の日本法人、P&G（プロクター・アンド・ギャンブル・ファー・イースト・インク）は新ブランドの発売を活発化した。約60カ国で売る戦略商品。2年かけて日本向けに改良、香りや容器にひと工夫こらし、詰め替え用も揃えた事からヒット作へ成長した。食品分野では『ゆでずにパスタ』がブームへ。日清フーズの『2分で作れるアルデンティーノ』シリーズを筆頭に、カゴメ『カゴメデリ』や味の素『クノール　スープパスタ』はゆで時間の短さを切り札に、主婦やOLのランチと子どもの間食需要を見事に探り突いた。フリー・マガジン『R25』『L25』が好調なリクルート、ベルギー発バッグ・ブランド『キプリング』の販売旗艦店を出したホリプログループ。不思議、不安、不備、不快、不良の解消を前提に、発想・企画・行動力の豊富さを見せつける。

正確で緻密な現状把握→解決策考案・実行→検証→修正・実行」を貫き、①目的の設定・固定化（何故、存在させるのか）②コンセプトの決定（いつ、誰に、何を、どうして、どのように提供・発信したいのか）③手法の構築（創り方・売り方、告知、協働・連携体制）をわかりやすく示した典型例だ。ヒットの秘訣を忠実に、自分たちの領域へ落とし込んだ。

◆思想と工法の両面から文章を築き上げる

先のニュース記事の数々を読むのは書く意欲を確実に掻《か》き立てる。そして文章の素案を考え、創り出す風土は生産性の向上を呼ぶ。さらにそれを形にするのは、経営・運営資源（情報、資金、時間）の最適配分に迫られる環境を作る。何をどう組み合わせ、いかに動かせば創造的かを考えざるを得ないからだ。無駄・無理・ムラ、過激・危険・困難を事前回避するリスク・マネジメントにもなる。三十六計　逃げるに如かず——が通用しないビジネス社会、ひとりひとりに眞の経営者視点（独自商品・サービスを開発し、収益確保を図る）をいだかせる。そして、集中・継続性あふれる行動パターンを身に付けさせるのに、文章作成は常備薬の認識を持ちたい。

仕事を壊す人は前述の内容に無縁のはず。思い付きや目先の利得が突出し、屋台骨を組もうとはしない。思想（コンセプト）や工法（フォーム）が異常に希薄な、完璧に近い利己主義者。悲しいことにこの輩が増殖中で、トラブルは目に余る。『ビジネス・エコノミクス』（日本経済新聞社、伊藤元重著）や『会社にお金が残らない本当の理由』（フォレスト出版、岡本吏郎著）など、ベストセラーの共通言語は「本質」。読み解くと実感するが、思想と工法の実勢並存を力説。単なる企画屋（シングル・プランナー）から、読み手・聞き手へ高い理解・納得度を与えられる一流設計・運用者（プロ・コンセプター）への脱皮を掲げる。ビジネス系出版社の役員は「まだ普及度は低いが、文章のコンセプト・ワークという言葉を多用する。関連書籍の企画は目白押しで、将来は専門誌創刊も検討。『日経ビジネス』のセグメント版（テーマを絞ったもの）が理想型です」と打ち明ける。文章コンセプト・ワーク市場には研修会社や専門学校、通信教育も続々と参入の構えだ。社会人参加が可能な大学のオープン・カレッジでも人気を博す。企業人講師の具体的な授業は「上司の助言よりも役に立つ」の声も聞かれる。

◆推敲のポイントを7つに絞る

本章の終わりに文章推敲のポイントを集約する形で7つにまとめてみた。

・「増やす」よりも「削る」

日本経済新聞朝刊・スポーツ面のコラム「チェンジアップ」で、野球解説者の豊田泰光さんがこう記していた。「ある業界団体の会合に呼ばれた。2時間のうち1時間、挨拶が続いた。計6人、平均10分の業界話に飽きた私は自分の挨拶で『私はこの中で1人、業界外の人間です。外部の人間を退屈させるのはいかがなものでしょうか』と言って切り上げた」。

このエピソードは文章作成にも相通じる面を持っている。伝えたいことが多すぎるために、焦点が絞り切れないままで文章量だけが増えてしまうパターンはよくありがちだ。推敲の第一歩は伝えたい点をできるだけ1つに集約すること。あくまでも、これを核に文章量制限せずに書いたものを整理体系化していくのが重要。少ない文章を増やすのは大変だが、ポイントの強調を念頭にぜい肉をそいでいくようにしたい。伝えたいことが明確ならば、多言は要しない。

・わかりやすい語句を使いこなす

書き慣れていないと、自然に難解な表現を使いがちだ。「硬い文章だね」と指摘されるのはこの手のシロモノで、読み手にわかってもらおうとする意識が薄いとも捉えられる。そこまで易しく書く必要があるのかと思えるほど、「書き溶かすのが良い文章の特徴」とベテラン校正者は話す。早速取りかかりたいのは片仮名文字と「という」表現の削減。どちらも多用され過ぎる傾向にあり、何となくわかった気持ちになるが、実は不親切な表記。前者は少なくとも、頻出しないものには注釈をつけるべき。後者は文章のリズムを崩し、軽々しい印象を与えるのでゼロを目標に手を加えよう。

・理由と今後は十分書き込む

スピーチのコツは大勢の中で一人でも反応してくれたら、その人間へ重点的に話しかけることだ。この人の反応を元につたえる努力を続ければ、他の人へその熱意は確実に伝わっていく。逆に聞き手が首をかしげるのはどんな場面か。最も忌み嫌われるのは言いっ放しだ。過去の話だけに終始し、主張や結論の理由をほとんど語らない。一方通行の自慢話に共感が生まれるはずもないだろう。もちろん、文章においても同じだ。

「～だから○○」をくまなくチェックし、これが成り立たないなら、該当文をはずすくらいの徹底振りが必要。同時に「今後どうするのか・なるのか」を示す展望も書き落とさないように。過去↓現在だけの文章は「ああ、そうですか」で終わる危険性が高いので、将来を描いて、書き手の意欲・志を印象付ける仕上げが大切だ。

・新しい話題を盛り込んでいく

新聞・雑誌記事ではないと言っても、ニュース性を重視するのは文章に厚みを持たせる技の1つだ。古臭い話を並べ立てたり、参考文献からの引用を多く使うパターンをよく見かける。一見もっともらしく読めるが、書き手の独自・創造性は感じられず、伝えたいことが埋もれてしまいがち。自分または周辺で起こった出来事を効果的に使い、目新しさを出すのが読み手を引きつける手だ。昨日の話題よりも今日の話題。1時間前の情報よりも5分前の情報を重宝したい。

・複数の人に聞いて・見てもらう

「たけしさんが美人の前にいる時、心なしか前がもっこりするのは、もはや、たけしさんの芸が言語表現を超越しているからです」「たけしさんの歌声を聞いていると、遠く潮騒を聞いているような錯覚をおぼえます」……。宮崎県知事になった東国原英夫さんがビートたけしさんの弟子になりたての頃（昭和56年春）、ラジオ番組「オールナイトニッポン」で発表させられていた「みえみえヨイショ集」の一部だ。彼は毎週、これでもかこれでもかと駄目出しされた挙句、聴取者からも厳しく修正を余儀なくされていた。今回の知事選で見事な演説を披露。愚直さとわかりやすさで支持を得た原点はここにある。書いたものは一人でも多くの人に聞いて・見てもらい、指摘点を実直に受け入れた上で品質向上させていく。年齢や性別にとらわれず、いろいろな視点を吸収しながら推敲していけば、短期間で磨きがかかってくる。

・他の文章をいじくってみる

自分の書いた文章へ手を加える前に、事前トレーニングとして、他の文章を修正することを勧める。200〜400字程度の新聞・雑誌コラムが最適。じっくり取り組めるし、全体を書き直すにしてもあまり時間を要しないからだ。短い文章ほど書くのが難しいと言われるのは伝えたいことをコンパクトに、しかも味わい深く記す必要性と技術の高さによる。よって、意外と不十分な文章が目立つのも現実で、修正トレーニングにはふさわしい材料。先にも述べたが、「〜だから○○」と、「今後どうするのか・なるのか」がきちんと入っていて、わかりやすく述べられているかを検証し、論理立って伝えられる文章へ変える作業にポイントを置きたい。

・知り合いの書き手から学ぶ

機会を作って、プロの書き手に推敲ポイントを教えてもらう手法も考えよう。プロと言っても、記者やライターだけではない。リリース（ニュース資料）を日夜こしらえている企業・広報担当者、調査・研究結果を発表するシンクタンク研究員。そして、文章の事実確認や誤字・脱字の精査が役割の校正者。周りを見渡し、人のつながりをたどっていけば、この手のプロが見つかる可能性は高い。

これらの人たちは多くの文章を書き、大勢の人のチェックを受け、〝作品〟を世に出してきた。元の原稿からどういう風に手が入り、完成品になったかをずっと体感中だ。そのエピソードや具体例を1つでも多く聞き出すのだ。彼ら・彼女らは口をそろえてこう言うだろう。「酔っ払いにでもわかるのが名文」と。これは、わかりやすくポイントが絞られていることを示す。

作品真価が問われる5つのS

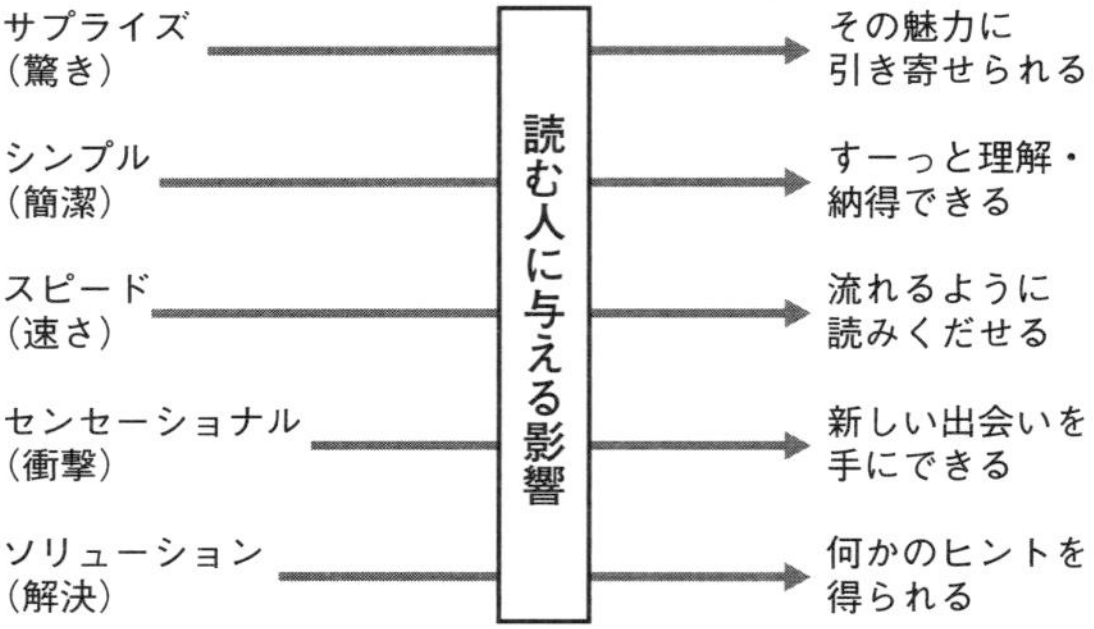
サプライズ（驚き）
シンプル（簡潔）
スピード（速さ）
センセーショナル（衝撃）
ソリューション（解決）
読む人に与える影響
その魅力に引き寄せられる
すーっと理解・納得できる
流れるように読みくだせる
新しい出会いを手にできる
何かのヒントを得られる

文章削りのステップ（100字の文章を書く場合）

300字
200字
100字
絞ったテーマから
はずれた内容を落とす
重複表現と、説明が
半端な文章は切る

どういう風に読んで見てもらうか

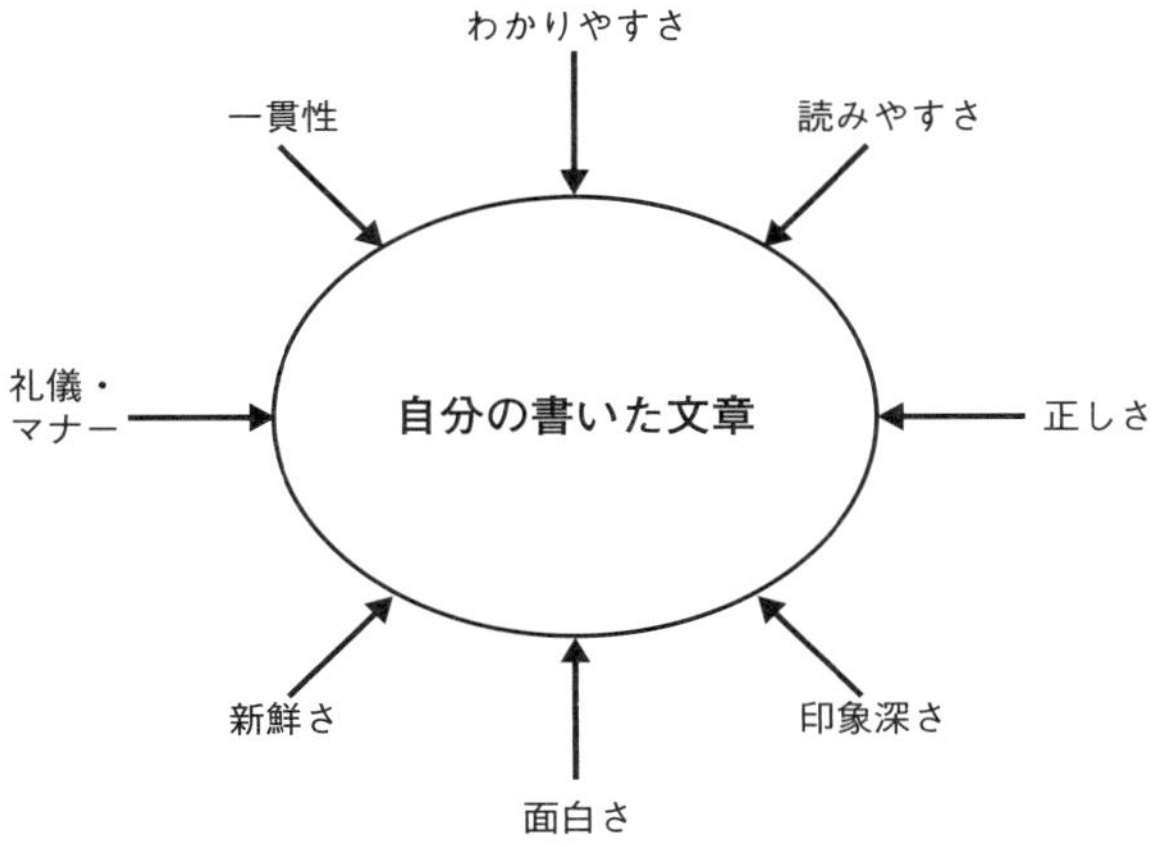
わかりやすさ
一貫性
読みやすさ
礼儀・
マナー
自分の書いた文章
正しさ
新鮮さ
印象深さ
面白さ

第4章　新聞雑誌の記事を材料に「わかりやすさ」を研究する

◆1つでも多くの例文に触れる

新聞・雑誌、ニュースなどは最新情報や知識を得るためには格好の材料。しかし、それが目的になり過ぎると、内容そのものを吟味する余裕がなかなか生まれないのも現実だ。今回はいくつかの例文を使って、「どこが」「どのように」よくわからないかをチェック。「どのようにしたら、わかりやすくなるか」を研究したい。文章トレーニングは一生もの。いろいろな材料を使って、多角的に理想型を追う執着・研究心が大切である。

例文A

A社が昨年夏に開業した「●●店」の初年度売上が800億円と、▼▼県内では最大になる見通しだ。同店開業をきっかけに、県中心部のターミナル駅前に立地する大型店の競争も激化。近隣県の大都市も似たような状況で、価格引き下げムードは全国的に広がりそうだ。

新聞や雑誌の記事をよく見ていると、意外と食い足りない（表現が不十分な）類のものに出会う。書いた本人は分かっているつもりでも、読み手は読み進めていくたびに、「?」を連発せざるを得ない。例文Aはまさにその典型例で、大雑把で不親切な点が特徴（短所）だ。

・「昨年夏」↓2006年8月など具体的に
・「開業した」↓どこへ
・「初年度」↓2006年8月～2007年8月
・「最大」↓今までの最大はどこか
・「ターミナル駅」↓具体的にどこか
・「大型店」↓スーパーやパソコン専門店など具体的に
・「近隣の大都市」↓具体的にどこか

・「全国的に広がりそうだ」↓理由が不鮮明
以上の問題点をかかえており、全体的に不足点がいっぱいである。結論に至る面でも論拠や背景が描かれていないため、書き急ぎの感が強い。

【修正】

A社が2006年8月に▲▲駅前（▲市）で開業した「●●店」の初年度（2006年8月〜2007年8月）売上が800億円と、▼▼県内ではB社◆◆店を抜いて、最大になる見通しだ。同店開業をきっかけに、県中心部のCやDなどターミナル駅前に立地する大型店の販売競争も激化。近隣県の大都市も似たような状況で、店頭販売価格の引き下げムードは高まっている。A社は全国展開を急速に進めており（2007年中に30店舗を出店予定）、低価格戦争を全国的に広げそうだ。

このようになると、ぐっと具体性が増す。数字と固有名詞をきちんと入れ、結論への流れを自然に持っていった点が前例との大きな違い。読み手に、「丁寧に書いているな」「とてもわかりやすい」と思わせる面でよく覚えておいて欲しい。

例文B

引退を表明している日本ハム・新庄剛志外野手（34）が15日、札幌ドームでのロッテ戦前に〝ラストサプライズ〟を決行する。プロジェクトは極秘に進んでいるが、関係者の話を総合すると、危険度の高い過去最大級のエンターテインメントになる模様。球界を去るプリンスから、ファンへ向けた史上最大の贈り物。新庄の〝ラストサプライズ〟は、想像を絶する大仕掛けとなりそうだ。「これだけでもショーとしてお金を取れるくらい。間違いなく、過去最大級です」。関係者は驚きの声をあげている。練習休日のこの日、新庄は完全オフ。しかし、球場の搬入口には大型トレーラーが横付けされ、厳戒態勢のもとで100人を超えるスタッフが極秘リハーサルを行った。参加した関係者の1人は、

「あれは危険ですよ」と目を丸くして震え上がったほどだ。

これも大雑把な文章の一例。きめ細かさが足りない。ということは、読み手への配慮に欠けているととられても仕方なく、自己満足の世界からは早く脱却しなければならない。これは趣味・趣向の問題かもしれないが、カタカナの多用は読みやすさを阻害している。ダブっている箇所もあり、全体的につたえたいことを整理・推敲する必要がある。この手の文章はスポーツ紙に時々見られるもので、読み飛ばしてしまいがちなシロモノ。きちんとした文章の追求という観点から、この手の例文を頭の中で修正する習慣を身につけたい。

・「引退」↓何の引退
・「日本ハム」↓正式名称は
・「関係者」↓球場関係者など具体的に
・「史上最大」↓どうやって証明されるのか

・「過去最大級」「史上最大」「想像を絶する」→ダブり感強い
・「間違いなく、過去最大級」→表現ダブり。極力1つにしたい
・「目を丸くして震え上がった」→表現が不自然

以上の問題点をかかえており、重複表現とカタカナの乱用で散漫に印象を読み手へ与えてしまった。「とにかくすごい」と伝えたいのはわかるが、それが空回りして文章が軽薄になったパターン。気持ちが先走りの感が強い。

【修正】

現役引退を表明している北海道日本ハムファイターズ・新庄剛志外野手(34)が15日、札幌ドームでのロッテ戦前に〝ラストサプライズ〟を決行する。プロジェクトは極秘に進んでいるが、球団関係者の話を総合すると、球界を去るプリンスからファンへ向けた、「想像を絶するほど危険度の高い、史上最大級の贈り物」となりそうだ。

「これだけでもショーとしてお金を取れるくらい」の声も一部に上がっている。

練習休日のこの日、新庄は完全オフ。しかし、球場の搬入口には大型トレーラーが横付けされ、厳戒態勢のもとで１００人を超えるスタッフが極秘リハーサルを行った。参加者の１人は、「あれはすごいですよ」と驚きと共に、不安な気持ちもあらわにした。

贅肉を落としたために全体が絞まった。短い文ほど書くのは難しいと言われるのは、主旨にどれだけの根拠（この場合だと、「すごい」と思わせる証言や現象）を入れられるかがカギ。理想を言えば、例えノーコメントであっても新庄に取材アタックすべきだったし、周辺の人間からの情報収集に幅を持たせる必要がある。

例文C

お世話になっております。●●社の▼▼です。

講演料金についてですが、Ｗｅｂ上で要相談と表記することは可能となっておりますが、基本的に弊社に登録する際には講演料金を提示して頂いております。と申しますのも、主催者側からみると料金が明確の方が安心感につながり、指名や問い合わせがくるケースがあるためです。

弊社と致しましては上記の理由から講演料の明記をお薦めしておりますが、ご事情がある場合には、「応相談」ではなく、「要相談」の表記にて統一をさせて頂いております。と、申しますのも、「応相談」ですと、金額の「相談に応じる」という意味となり、「値引きが可能である」という印象を与えてしまう傾向にございます。

実際に値引きが可能であったとしても、Ｗｅｂ上に表記することで、ディスカウントの先入観を植え付けてしまいますので、結果的には、講師の方が損をされる可能性が高くなります。そのようなことを避けるため、弊社への「相談が必要」ということで、「要相談」いう表記をさせて頂ければと考えております。

ご検討頂きまして、ご連絡頂けますようお願い致します。

例文A、Bをもとに、実際に書き直してみてほしい。

◆情報収集のための習慣術

運が付いて回る人、不運続きの人の差は何処にあるのだろうか。最初はちょっとした距離だったのが、年月の積み重ねで大きな差になってしまったに違いない。ツイている人は偶然ではなく、必然的に運を引き寄せる。運をつけて離さないメカニズムを確立するための習慣を継続化させているからだ。

ツイている人の習慣

1　名刺の減りがとことん速い
2　自分の名前を口コミで広げる
3　電車の中など移動時間を有効に使う
4　早朝にひと仕事を終える
5　無駄な人付き合いをしない

6　本を1日1冊読み上げる
7　ラジオをよく聞く
8　勝てる文章の書き方をする
9　相手に逃げ場を与える
10　「8つの不」をアイデアの原点にする
11　聞き上手・聞かせ上手である
12　観察力・聴察力・読察力が高い
13　一カ月に一回は飲み歩く
14　携帯電話を受信専用にする
15　新聞を順不同で読み上げる
16　食べたものを克明にメモする
17　辞書と電卓を持ち歩く
18　夕刻以降は仕事をしない
19　精神論をたくみに活用する

20　言い訳と切り返しがすごく上手

特に3へ注目したい。世間の動きへ敏感な人は中吊りをつぶさに観察している。広告は世流を映す鏡。そこから得られる情報には大きな価値がある。日本経済新聞「広告のチカラ・12月の広告から」では吉野家ディー・アンド・シーをはじめ、コーセー、高橋書店、東レが取り上げられている。事業や商品へ託した思いを巧みな表現で、しかもわかりやすく伝えたのが共通点だ。吉野家は時間限定で毎日牛丼販売する告知。ビジネス街の一角にある店舗の風景写真を使い、「日本の昼飯。」の大きな文字。店舗には「毎日牛丼」ののれんや「牛丼」ののぼりがかかっていて、手前の車やビルの色も同社のコーポレートカラーのオレンジで統一。「ほっとする感じを出した」（同社）としている。

また、手帳制作大手の高橋書店は「言った!」「言ってない!」のコピーを並べ立てたもの。右端から左に向けて「言った!」と「言ってない!」の文字が交互に続き、左側に手帳の写真を使い、

「あ～、メモしときゃよかった。」の文字を乗せた。商品の良さよりも、「いったいこれは何」と読み手に思わせる手法が効を奏した形だ。「ブランドを、見ている方の記憶に残そうと考えた」と同社では話している。

週刊・月刊誌の見出しもそうだが、印象に残るものはわかりやすくて、しかもインパクトが強い。往々にして「面白いなあ」で済んでしまいがちだが、目に留まった1つ1つを自分の文章へ活かす観点からメモしていき、言葉の引き出しを増やして欲しい。

◆星野仙一さんのコメント力を検証する

中日ドラゴンズ、阪神タイガースで監督を歴任した星野仙一さん。氏のコメントはいつも強く・はっきり・具体的だ。少々長くなるが、08年北京五輪監督への就任時・記者会見を再現しよう。ここに「わかりやすさ」の源がいっぱい入っている（新聞記事やサイト発表などを元に作成）。

――今日からまた「監督」と呼ばせていただきますけれど、まずは、おめでとうございます。というよりは大役で、大変なプレッシャーの中での就任ですが、日本の野球を応援する我々としては「よろしくお願いいたします。頑張ってください」と申し上げて質問に入らせていただきたいと思います。いま、サインをなさって改めて率直な気持ちをお聞かせ願えますか。

星野　プロ野球の入団発表も何度か経験していますけれども、こんなに大勢、カメラとか記者さんが出席するという場はないものですから、オリンピックの監督というのはこれほど大変なことなんだなと、改めて再認識しました。

――アテネ大会の野球を見ながら「あそこに立ちたい」と少年のような気持ちになったともおっしゃっていましたし、一方ではプレッシャーという言葉も出ました。いろいろお考えになってお選びになったこともあるでしょうが、最終的にお引き受けになられるという気持ちになったのはどのような点からでしょうか。

星野　いま自分があるのは野球のおかげだと思っています。野球で遊んできて、甲子園野球を夢見て、そしてプロ野球選手を夢見て……。いろんな形で夢を見ながら野球をやらせていただきまして、「野球のおかげなんだ。野球にもっともっと感謝しなければいけないんだ。野球に恩返しをしないといけない」そう思っていました。そして、そういうチャンスをいただいたということかもしれませんね。

――2004年のアテネの時、監督はまるでグラウンドにいるように熱くなって解説をしてくださいました。ふと思ったのはグラウンドに入って、お体は大丈夫なのかなということです。その点はいかがでしょうか。

星野　いろんな方が心配してくださいますけれども、自分の体は自分が一番良く知っています。つい先日、還暦を迎えたばかりで、こちらの松田委員長よりは一回りも下なわけですから、そういう意味では心配はしておりません。まわりは心配してくれますけれども。もっと他のほうで心配して欲しいなと思います。

――そのほかの心配にもかかわってきますけれども、松田委員長から「金メダル以外はいらない」というような話が出ました。

星野　いやぁ、それはもうこの壇上にいる以上はですね、「金メダルしかいらない」ということでいいんじゃないでしょうか。

――人選はすべてお任せするということでした。いま、描いていらっしゃる「星野ジャパン」、どんなイメージでしょうか。

星野　いまはほとんど考えていません。自分だけでは決められませんし、いろいろな形で相談しながら、これから青写真を描いていくと考えています。

——昨日のプロ野球のオーナー会議でも全面協力の話が出ましたけれども、周りは「協力をしたい」という体制が整ってきていると思います。星野監督のほうからの要望というか、お願いしたいことはありますか。

星野　ほとんどありません。何もありません。コミッショナー事務局をはじめ、いろんなオーナーたちの理解を得ていただくにあたって、いろいろな根回しだとかコミュニケーションをとってもらったと思います。「野球というものを考え直そう」ということを前面に押し出してくれました。私は何の要望も出していませんが、こういう風な恵まれた形になったということは、ある意味感謝しなきゃいけないかなぁと思っています。でも、プレッシャーだなとも感じていますけれども。

——チームについては白紙だということですが、星野さんの日の丸を背負って行くチームとしてのキーワードというか、ポイントはあるのでしょうか。

星野　今日就任会見ですからまだ考えていませんけれども、人選を進める中で日本の特徴をだしていきたいと思っています。WBCは「スモールベースボール」と王さんがキーワードをかかげていたけれど、まだそこまでは考えておりません。

――「ジャパン」というキーワードが何度も出ておりますけれども、監督は日の丸を背負ってゲームをなさるのは今回がはじめてですか？

星野　はい。はじめてです。北京オリンピックの前にプレオリンピックも北京でありますけれども、「そこでも指揮をとれ」ということですので、それが初めてになるでしょう。まぁ、十二分にいろんな国際試合を見させていただいていますし、WBCも自分が半分ユニホームを着た気分でマイクの前にいましたからね。実際フィールドに立てばどういう気持ちになるのかはまだわかりませんけれども、創造の範囲は超えないだろうと思っています。実際、そうならなければわからないですね。

――オリンピックとWBCの違いはありますが、日本の代表監督を勤めてきた長嶋さん、そして王さんのあとをうけるということに何か感慨はありますか。

星野　王さん、長嶋さんという偉大な選手、監督のあとを命じられたことは非常に光栄だと思いますし、いいのかなと思う。尊敬する2人と比べれば、天と地の差がある成績でいいのかなとも思います。正直いいまして、運のいい男だなという気持ちですね。自分の運に感謝します。

――星野さんから長嶋さんに何かございますか。

星野　アテネの予選のときもいろいろお話をさせていただく機会がありましたけれども、この会見が終われば、時間を探してお会いして、アドバイスを受けようかなと考えています。

――北京が野球最後かもしれない。その中でのジャパンの意味づけはどうですか。

星野　野球は日本でも国技だと私は認識していますし、それがオリンピックから消えるということはありえないことだと思っています。たまたまロンドンが休みだと考えたい。必ずオリンピックに戻ってくる競技だと信じて委員長が言われるように、子どもたちが「野球でオリンピック」ともう一度目指せるような形にしたいと思っております。

実に明快な語り口。監督時代も同じだったが、アドバイスや意見はその場ですぐ、具体的に語る。伝えたいことが事前にすごくはっきりしているので多言は不必要。コーチに田淵幸一さんを指名した時も「(北京へ)行くぞ」の一言だけだった。球界屈指の言葉のマジシャンの本領発揮だ。星野さんのコメントを繰り返し聞いていると大きな特徴が浮き彫りになる。ネガティブ(後ろ向き)な表現がほとんどないのだ。6D(「どうせ」「でも」「だって」「ダメだ」「できない」「どうしよう」)と2S(「しょせん」「~しなければならない」)が皆無。聞き手・読み手の気持ちを高ぶらせる効果をよく知っている。「言葉が変われば脳も変わる。ちょっと口癖を変えるだけで、その人の未来は大きく開けることだってある」(『あなたの脳を鍛えるカンタン習慣術』、高橋恭一著)をことごとく実現する氏への高い評価はやまない。こうしたリーダーが登場している記事を通読するのは、表現力を身につけて真のリーダーになる条件の一つ。自己把握力(自分を客観的に見る力)、傾聴力(相手の言葉の背景を読み取る力)、感情処理能力(喜怒哀楽を上手にコントロールする力)、自己開示力(自分の考え・感情などを偽らずに打ち明ける力)と合わせ、有効なコミュニケーションを図っていくための必須訓練だろう。

聞き上手になる

何のために
お互いを尊重し、相手を立てることで真のコミュニケーションを図る。
どのように
まず相手の話をひと通り、じっくり聞く。1つ1つ確認しながら丁寧に応対。否定してはいけない
なれないとどうなるか
お互いの発言が飛び交い、接点が見い出しにくくなる。下手すると、意見のぶつかり合いへ発展し、口論になりかねない。
なるとどうなるか
相手に話させることで良好な雰囲気が作られ、会話が弾んでコミュニケーションが深まっていく。

コミュニケーション能力を創り上げる5つの力

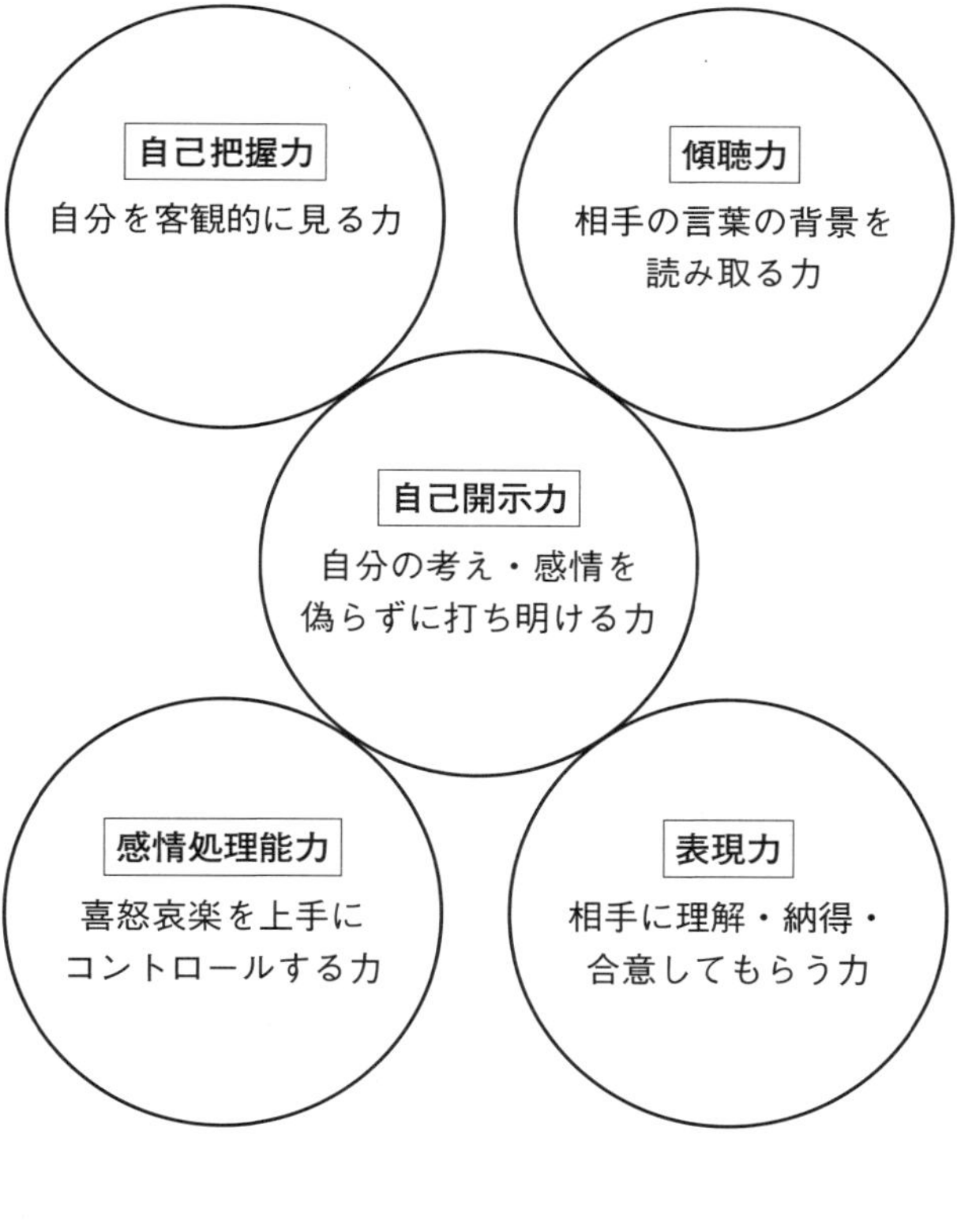
自己把握力
自分を客観的に見る力
傾聴力
相手の言葉の背景を
読み取る力
自己開示力
自分の考え・感情を
偽らずに打ち明ける力
感情処理能力
喜怒哀楽を上手に
コントロールする力
表現力
相手に理解・納得・
合意してもらう力

第5章　書いたものを口頭で相手へ伝える

◆説得力よりも納得力で深く印象付けていく

私は昨年10月、初めてライブ・トークを行った。それまでも講演などは数多くこなしていたのだが、乗りが大きく違うそれに日々の緊張感は高まるばかりだった。原稿を書いたままではいい。ただ、それをライブに合った話し方で展開できるか。練習をいくら重ねても不安は全然消えなかった。「ああでもない、こうでもない」と考え込んでいても何にもならない。そんな時、ある人がいいことを教えてくれた。米国のビジネス界には「ジャッキー・ワードの法則」と呼ばれるものがある。ジャッキー・ワードはホテル業界向けコンピューター・ソフト会社、コンピュータ・ジェネレーションの女性社長。先の法則を「私は面倒な電話やトラブル処理の会議などは、さっさと片付けてしまうことにしている。それらを未解決のままに先延ばしにしていると、イヤな思いをしている時間がそれだけ長くなる。そのせいで、楽しく生産的にやれるはずの仕事にも悪い影響が出てくるから」と彼女は解説する。多くの恐ろしいことは、実際に手を付けてしまえば想像するほどのものではないと言いたいわけだ。また、「原稿を書くのはつらい作業だが、この本をベストセラーにするという明確な目的があれば、原稿書きはその目的を達成するための楽しい作業に大変身する。一枚書くたびに、一歩ずつ億万長者に近づいている——そうイメージできれば、なるほど原稿書きほど楽しい仕事はないではないか。まさに『快楽の追求』である（中略）頭の良い人は仕事に快適なイメージを刷り込ませるのがうまい」（小泉十三『頭のいい人の習慣術』）の文にも励まされた。これらが相俟って、ライブは成功裡に終わった。

書いただけでは人へ十分に伝えられない。話してその強さを堅持しなくてはならない。ある人が私へ電話で話したことを例文として挙げる。

【例文】

日曜日に恐縮です。いつもお世話になっております、●●です。

「甘んじて」の意味に関するご指摘ありがとうございます。

これは、「与えられたものを仕方がないと思って受ける」という意味ですね。

正しい意味を把握せず、安易に使った言葉でした。

自分の言葉に対する知識不足、大変失礼致しました。


また、資料に関するご指摘の件も▲▲さんのおっしゃる通りです。

内容の確認は、個人情報の厳しい現在となっては、本人様のみしか対応できないと思いますので、支社（または本社）にお問い合わせ戴く他はありません。

ちなみに▲▲さんの資料なのですが、もしかしたら支社とは別の部署である「■■営業部」にあるのではないかと思います（確か、初めのご依頼はお電話でと昔伺った記憶があるのですが、その場合はこういう部署でお預かりしている場合が多いと聞きます）。

間違っていたら誠に申し訳ございませんが、ご報告のみさせて戴きます。

この度の一件においては、私が迅速に対応しなかったばかりにお手数ばかりおかけしてしまい、本当に申し訳ございませんでした。

何卒よろしくお願い致します。

右記を聞いて、私は全然納得できなかった。問題点を見てみよう。

1 「という意味ですね」⇩不適切な表現で相手へ不快感を与えたにもかかわらず、言葉が砕けすぎ。せいぜい「意味とわかりました」程度にすべきところ。

2 「個人情報の厳しい」⇩個人情報の何が厳しいのかが不明

3 「もしかしたら、あるのではないか」⇩確認を十分せずに、想像の話を繰り返す。「たられば」表現は相手に多大な不信感を与える。「聞きます」は当事者意識の薄さを表わしている。これだけ他人事のように表現していると、発言の信憑性はほとんどなくなる。

4 「間違っていたら誠に申し訳ございませんが、ご報告のみさせて戴きます」⇩問題を起こしておきながら報告にとどまらせようとしている。トラブル・クレーム処理においても最悪のパターン。

5　「お手数ばかりおかけしてしまい、本当に申し訳ございませんでした」「何卒よろしくお願い致します」⇩この場合、「お手数」ではなく「ご迷惑」。また、何を「よろしく」なのかが不明。

細かい指摘をしたが、書いたものを口頭表現へ持っていく緊張感が皆無だったことを見事に立証している。文語体を口語体へ変えて表現していく際、必要不可欠なのは納得性と信憑性。どのくらい相手へ確実な情報を　わかりやすく伝えるかがカギ。上記のように自分のリズムであいまいな方向へ導こうとしても会話は成り立たない。もちろん話し慣れるいるかどうかも大切だが、まずは強く正しく・もっともらしく相手へ伝えようとする姿勢、そして独自性を重視したい。

◆もっともらしさを打ち出す7つのポイント

①事実把握の正確さ　キー・センテンス／不足感・あいまいさを残さない

②自分の見解の裏付け　キー・センテンス／●●だから、▲▲だと思う（考えた）

③体験からの誘導　キー・センテンス／遠い過去より、できるだけ最近
④数字の活用　キー・センテンス／禁句は「だいたい」「大雑把に言って」
⑤飾らない話し方　キー・センテンス／ご法度は棒読み・演技・はぐらかし
⑥説得より納得　キー・センテンス／クチ遊びの罪、気持ち転がしの悪
⑦適度な間合い　キー・センテンス／「ここまでよろしいでしょうか？」

「もっともらしさ」と言うと一般的には本当でもないことを、さもそのように語ることに使われるが、本書では「ごもっとも」と相手に理解・納得・合意してもらう言葉のツールとして用いる。前にも述べたが、きちんと書ける人は伝えたいことを整理体系化しているので、きちんと話せる素地を持つ。ただ、そこでは「もっともらしさ」と「創造性」が大きくモノを言う。創造性とは言葉の引き出しをどれだけ増やせるかを意味する。以前に物理学者の江崎玲於奈さんが講演でこう話していた。

「ノーベル賞をとるために、してはいけない５ヵ条を紹介します。１つ目は今までの行き掛かりにとらわれること。２つ目は教えをいくら受けてもかまわないが、大先生

にのめりこんではいけない。第3に無用ながらくた情報に惑わされない。4つ目は自分の主張を貫くためには戦うことを避けてはいけない。第5に子どものようなあくなき好奇心と初々しい感性を失ってはいけない」。

既成概念・固定観念にとらわれず、自分の言葉ではっきり、強く・正しく伝えることが重要であり、先の7つをよく理解して行動へ移して欲しい。

①事実把握の正確さ

事実は面白い・面白くないではない。正しいか・正しくないかがポイント。ぶれてしまったりなど脆弱になると、事実把握の面で不信感を読み手・聞き手に与える。基本的な点なので、発言前に念入りな確認をしておく必要がある。

②自分の見解の裏付け

主張を展開するにあたって、内容の理由付けは欠かせない。「●●だから→▲▲だと思う（考えた）」の流れは発言の背景を明確にする点で、相手に安心感を与える。「●●だから」で終わってしまっては言いっ放しになってしまい、いい内容でも聞き手が警戒心を持つ危険性が高い。

③体験からの誘導

人の話だけを引用したり、評論ぶった発言は好感をもたれるはずがない。できるだけ自分の体験したことの中から、発言のきっかけと接ぎ穂を見つけるようにしたい。

④数字の活用

数字や固有名詞を用いると発言に納得性を増す。その内容がどのくらいのものかがわかってくるからだ。

「〜のような感じ」「ざっくり言って」「おおよそ」などはモノサシとして有効とは言えず、相手に不安・不思議感をいだかせる。

⑤飾らない話し方

アナウンサーや講談師ではないのだから、うまく話す必要はない。きちんと話し、相手が理解・納得し、合意した上で行動に移せばいいのだ。この場合の「飾らない」は、良く見せようとか失敗しないようになど余計な神経を使わないことを意味する。

⑥説得より納得

説得はどちらかといえば、強制的なニュアンスを秘める。話し手が聞き手を圧してはいけない。話を展開していく中で相手にわかってもらう流れが大切で、上下関係を生じさせない立ち位置はいつも確認しなければならない。

⑦適度な間合い

滑舌よく「立て板に水」もいいが、話しっぱなしでは相手が発言を差し込む隙がなく、疲弊する場合が少なくない。切りのいいところで、「ここまでよろしいですか」など1拍入れるのが聞き手への配慮。同時に、自分が離したことを振り返る時間にもなる。

【課題】

空欄を記入して、プレゼンシートを作ってみよう。

【発言　9つのポイント】

①聞き手へ敬意を持っているか

・どう表わすか

②主旨を十分確認したか

・どういう形で

③必要な資料は揃っているか

・なぜ故必要か

④書いて・話す目的は何か
・この手法を選んだ理由

⑤なぜ、文章でまず表現したか
・利点は何だったか

⑥何が課題として残っているか
・具体的に

⑦所要時間を考えているか
・時間設定の理由は

⑧自分なりのシナリオを立てたか

・どういう風に

⑧どんな結論が予測できるか

（　　　　）

（　　　　）

（　　　　）

良いイメージを描く10のポイント

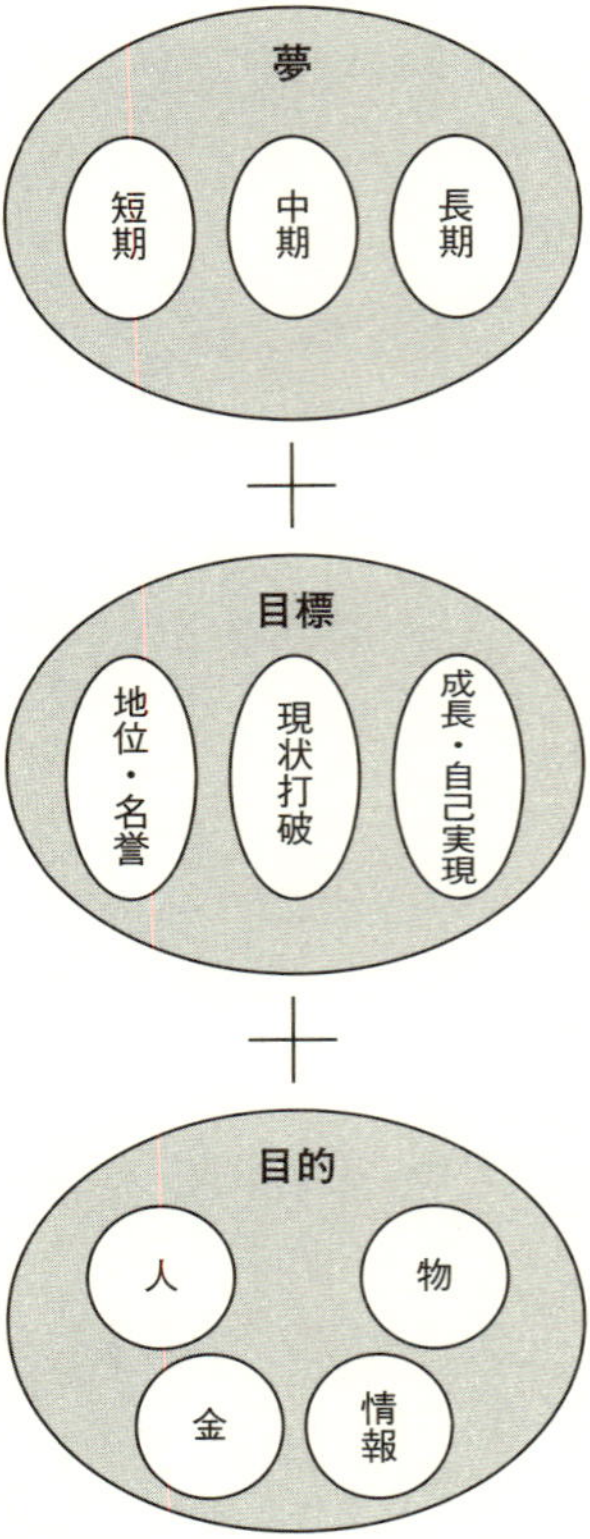
夢
短期
中期
長期
目標
地位・名誉
現状打破
成長・自己実現
目的
人
物
金
情報

自分へ良いイメージを刷り込ませている人は、夢と目標、その目的がいつもはっきりしている。そして、それを具体的に頭へ思い浮かべ、行動の充実とスピード・アップを図る。

納得とは合意へつながる前提条件

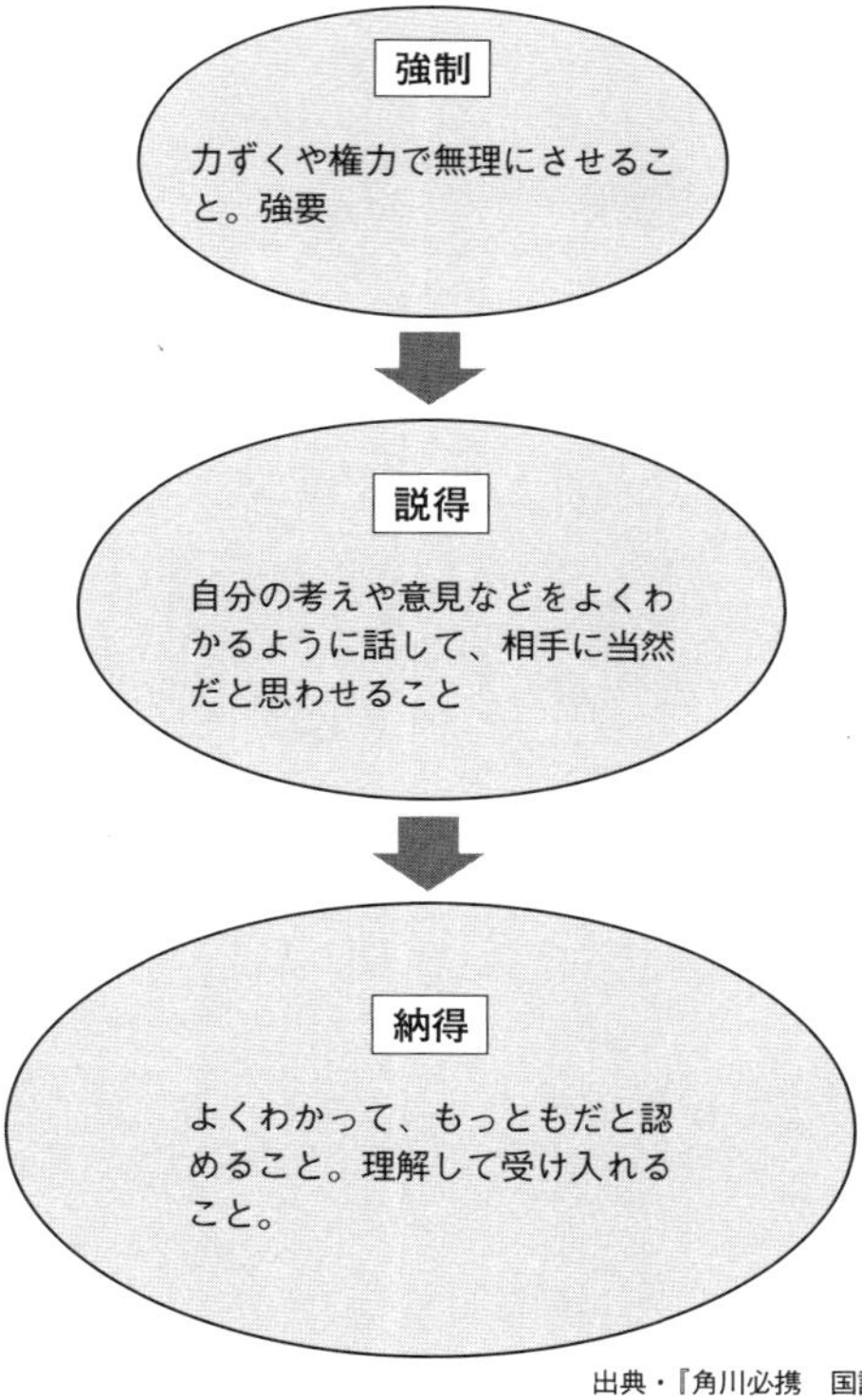
強制
力ずくや権力で無理にさせること。強要
説得
自分の考えや意見などをよくわかるように話して、相手に当然だと思わせること
納得
よくわかって、もっともだと認めること。理解して受け入れること。

出典・『角川必携　国語辞典』

人が気持ち良く、しかも抵抗感なく受け入れるのは間違いなく「納得」。わかれ、わかって当たり前、わからせよう…以上は止め、わかってもらう姿勢に転じよう。

第6章　言い訳とクレームで表現力を考える

◆言い訳は重要なコミュニケーション・ツール

言い訳といえば、言い逃がれや詭弁、口から出まかせの感が強く、マイナス・イメージがある。ただ、問題が起こした当人が何も言わなかったらどうだろう。それこそ怒りは増大するはずだ。

言い訳とは良い訳・善い訳にあるべきであり、相手の理解・納得・合意してもらう欠かせないツールなのだ。

1 コミュニケーションに必要であるという点を忘れない。

2 保身や自己主張は二の次。事実は認めて、相手を傷付けない事も重視しなければならない。

3 やみくも・画一的に言語化せず、複数パターンの中から状況・雰囲気に沿って使い分けると有効性が高まる。

4　起こった事象（トラブル）をどう解決するか。今後の展開を含めると信憑・信頼性が持てる。

5　キーワードは心健笑不（しんけんしょうぶ）。心＝心裏を読む、健＝健全な表現、笑＝（相手をいつのまにか）笑わせてしまう、不＝不細工（わざとらしい小細工をしない）。

【シナリオ①】……上司のカツラがずれていた時

◎会議モードにはまだ入られないのですか？

○髪型を変えられたんですね。

カツラを「隠蔽」している人のバレた時のショックは相当なもの。秘書としてはその防備も役務だが、直言はもちろんできない。「感づかせる→鏡を見させる→具体的に気付かせる→直させる」が目標とその段取り。ただ、「鏡を見て下さい」「ヘア・スタイルが乱れていますす」では温かみがないし、不信感につながる場合もある。余計な言葉はいらないし、緊張感を煽る簡潔な表現（指示とは異なる）がポイントだ。◎は裏返せば、「その身なりでは会議にふさわしくない」の意味も含まれる。○は「変えられた」がカギで、「が変わったんですね」はご法度。後者は人にやらされたの意味こそ強いが、前者は自分の意思を強調する。社長はプライドが高く、わがままな人種である。

×パターン

①会議の前にトイレを済まされた方がいいと思います。

回りくどいし、「別に必要ない」と言われればそれでオシマイ。仮に行ったとしても、鏡をよく見るとは限らない。短時間での目標達成戦略・戦術を考えない安易なパターンとも言える。

ひどい場合は「そんな指示を受ける筋合はない」と怒鳴られることも。

②部屋をお出になる前に、このブラシをお使い下さい。

女性のブラシを気軽に使えるわけないでしょ。これを言うなら、「社長、ブラシをお借りできますか？」と投げ掛け、「いや、自分でチェックするから」と言わせるなど、直しへ至る環境設定をするべき。

③社長、今までの方がいいと思います。

一瞬、何を言われたのかがわからないはず。論点のぼかし過ぎ。あくまでも、「今日は何かが違っているんだ」と気付かせるのが第一関門。過去を持ち出しても説得力は薄い。

【シナリオ②】……恥ずかしい内容の間違いメールを送ってしまった時

◎あっそれね、キミも姪や甥を持つとわかってくるさ。

○迷惑メール？　転送って、そうされるんだ。

釈明すればするほど疑惑が渦巻き、噂に尾ひれが付いて墓穴を掘る（しくると「墓石を彫る」＝自分の墓を自分で作る）。送った事実は完全に認め、短い言葉で論点をぶらす。そして、ねじ伏せてしまう（というより、相手に「これ以上聞いても意味がない」と思わせる・諦めさせる）に限る。浮気やいたずら発覚にも通じる手法だ。現代人はイレギュラーに弱いし、突っ込まれるとしどろもどろになりがち。言い訳には、堂々と（悪く表せば「しれーっと」）・臆せずが重要。逃げるから追いかけられるのであって、逃げないで・叩き潰せば火の粉は消える。

×パターン

①いやー、恥ずかしいものを見られちゃったな。

照れ隠しとは言え、「恥ずかしい」と口走って自爆した。こう言われると、「どうして恥ずかしいんですか」と聞きたくなるのが人の常。叩き潰すどころか、話題を膨らませてしまう表現下手。「見ちゃったの」ならまだ救いようがある。

②どうしてこうなったのかわからない。

「わからない」から訊ねているんです。答えにも何にもなっていません。上司としての問題解決能力も問われかねない迷言。部下に軽蔑される禁句とも言える。

③電車男みたいだろ。

意味もわからず、若者へ迎合しようとする。その結果、ギャグ・テロリストと化すパターン。こう発言した人は実在していて、この後に「きっかけは、気が滅入る（メールとかけたと思われる）」と連発。上司の沽券・面目は見事に瓦解した。

【シナリオ③】……隣人がうるさい時

これは言い訳というより、どのように巧く抗議するかが大切。交渉に近いものである。

◎味方を多くつけた上で、大家に始末させる……大家にはその義務がある

○賃貸契約書などを盾に、規律違反を指摘する

どこにでもある困ったちゃんパターン。加害者なのに居直ったり、逆切れするから性質が悪い。

理屈はまず通用しないので、外堀を埋めて、袋小路へ追い詰めるのが即効であろう。困ったちゃんが1番怖れるのは、大家から「出ていってくれ」と言い放たれること。逆に、近隣の申し入れなどには耳も貸さない。抗議しても「あんたから借りているわけじゃないだろ」と切り返されるのがオチ。孤立を体感させた上で、因果応報の定理

を嫌というほどわからせるのだ。

×パターン

①困ったちゃんの子どもにこっそり注意する。

子どもの伝え方1つで、「ウチの子に変なこと言ったでしょ」と逆襲されかねない。加害者が被害者に変換する瞬間。言うなら本人へ。ただ、上記のように「決裁者」に言わせる。感情論ではなく、常識論・組織論で貫徹させるためだ。

②我慢する。または、通報する。

前者は図に乗らせるだけ。「今まで何も言ってこなかったのに、急に言い出すのはおかしいんじゃない」と返されれば、一瞬たじろくのは抗議した方だ。言うなら初期に限る。揉め事好きな人は後者でも。ただ、恨み・つらみが原因でどうなっても知りません。

③困ったちゃんの子どもを招待して、どれだけうるさいかを体感させる。
騒がせた事実が残る。「それなら、ウチでもいいじゃん」と歪んだ大義名分を張られたら処置なし。逆に、困ったちゃん家へ子息を出向かせ、騒がせた方がまだまし。そして、カムフラージュで自分の子息を怒るのだ。

シナリオ③はクレームの類だが、言い訳と共通しているのは「言語反射神経」（その場でパッと言葉で切り返せるかが問われる能力）の高さ。蓄積した言葉の組み合わせをいつも頭の中でシミュレーションして、一言で刺す技術である。特にクレームの場面では、ちょっとした一言で明暗を分ける。以下のようなコンテンツで、私はクレーム対応の講演をしている。

1　英語の辞書を見よう。CLAIMは「苦情」ではなく「要求」
2　「クレームをきちんとつけられるか」で対応力のセンスがわかる
3　相手が持つ5つの不（不安、不満、不備、不快、不足）を見つける
4　記憶より記録。言った・言わないはあっても、書いた・書かないはない

5　萎えワザ、誉め抜け、すり替え、意表突き・・・4つのテクニック
6　感情的にならない・しない、繰り返させないシナリオはこう創っていく
7　クレーマーと抗議者、単なる文句言いを見分けられれば半分は勝ち
8　追い詰められ過ぎない。こちらの逃げ場を相手に作らせる
9　クレームをつけられにくいファッション（立ち居振舞い）と口調
10　クレーム対処名人　10の格言・10の禁句・10の名勝負

5に注目して欲しい。憤っている相手を萎えさせる、誉めて・持ち上げて雰囲気を変えてしまう、論点をすり替えて方向性をずらす、驚かせて忘れさせてしまう。これらの技を駆使するのは相当上等だが、言い訳にも通じて、書き言葉をいかに口頭表現化するかを習慣化していれば難しいことではない。場（空気）を読み、ポイントを押さえて適切な発言を繰り返していけば、言語反射神経は身についていくものだ

◆マイナス思考を滅ぼせ

イレギュラーやトラブル、クレームに弱く、ドツボにはまった上で精神的に追い込まれるのは現代人の特長。急増しているうつ病の大きな理由でもある。慰めや気休めだけの安易な言葉は何の足しにもならない。しかし、巻き返しの行動へつながる実用的なものであれば、そこに高い価値を見出すべきだろう。何かを言われた時、相手のプラス思考を引き出す咄嗟で印象的な一言。信頼関係を築けるだけではなく、センスや人望も評価されるに違いない

●何でこんな勉強をしなければならないんですか?
……愛する人のために時間を使っていると思えばいいんだよ
●電車事故で2駅分も歩かされて、実に不快ですよ!
……運動不足が解消したんじゃないか。昨日の酒も抜けただろ。
●またミスった。どうしたらいいでしょう?
……今度きちんとやったら、普通以上に驚かれるぞ。

●俺って，何でこんなにモテナイの？
……性質の悪い女にモテて、搾られるのがいいのか？
●こんな商品じゃ、ウチでは取り扱えないよ！
……取り扱っていただければ、どんどん品質向上していきます。
●いくら訪ねてきても無駄！　もう来ないで
……これさえ言われなくなるまで参ります。
●もう給料使っちゃったよ。参ったなあ。
……無駄遣いしなくて済むじゃないか。

◆あらゆる言葉へ敏感に反応しよう

日本経済新聞・朝刊一面のコラム「春秋」に的を射た一文が載っていた。以下、一部を引用する。「『初めて聞いて、驚いた／事実とすれば、大変だ／早速調べて、善処する』。七五調の戯れ言は二十年前、ある業界で不祥事が続いたとき同僚が作ったもの。～中略～　責任回避、口先の共感、空疎な約束の三点セットは、駆け出し記者の目に『白々しいにも、程がある』と映った。～中略～　各紙朝刊社会面下段は食品から家電までおわびと回収の告知で埋まる。トップの会見も相変わらずだ」。

不二家、パロマ工業、アパホテル、関西テレビ……。企業の不祥事が相次いでいるのに加え、現職大臣の不規則発言、容疑者の居直りなどが後を絶たない。「不二家は事業体として構造的欠陥があるとしか思えない。社長が代わっても再建はきわめて困難な難」（有力エコノミスト）の声もあり、「不治（決して治らない）家（家族経営）のペコペコ（謝るさま）ちゃん」とさえ言われる。チョコ菓子に蛾が混入していたのに「害はない」と説明したり、工場で大量のネズミが捕獲された事実に対して、「マスコミに洩れた時点で経営危機・破綻は免れない。発覚すれば、雪印の二の舞」と隠蔽（いんぺい）工作とも取れる文書も明らかに。その言い訳センスとクレーム対応力の低さへ、世間の批判が集中した形だ。

言い訳とは起こった問題について、誰もが理解・納得・合意してもらえる説明・行動を示す。当然、何も釈明しない黙秘権は認められず、説明責任がそこには生じる。時代の変化に左右されないしっかりしたルールへ沿い、身近に起こり得る危機的状況へセンスあふれる言葉を応用。もう一歩上の技術で難局を切り抜ける。この有力ツールが言い訳だ。

・番組に出る気はなかったが、知人が申し込んだ。優勝すれば、やばいと思っていたが……（横領犯人が喉自慢に出場。被害者にばれた元スナック従業員）
・裸の女性を前にして、どけだけ欲から離れられるか試したかった（売春も荒業と主張した矯正塾長）
・だいたい歌舞伎町に就職しようとしたのがいけなかった（ホステス不採用を恨んで、ママに希硫酸をかけた事務員）
・俺も絵描きになりたかった（画家の家に入った泥棒）
・前科は戸籍に残るんですか（勤務先から2000万円狂言強盗を仕組んだ元小田急百貨店主任）
・盗ったというなら、証拠を出してくれ（連続強盗者が取り調べ中に）
・お金が欲しかったら私を売っぱらったらよかったじゃない（大学長殺人犯の妻）

・昼飯が遅いから、今日はしゃべらない（大阪連続強盗殺人事件の犯人）
・その痛みは俺の心の痛みだ（作家を刺した俳優）
・自分がつかまったら、エサをやる者がいない。早く釈放してくれ（自宅に動物園を持つ窃盗犯）
・死刑にして欲しい。刑務所の外へ出ると、また女性を殺してしまう（女性5人を殺害した犯人）
・愛があるなら、証拠として金を貸して欲しい（英国王室の出であると女性を騙し続けた結婚詐欺師）
・無知を産んだ貧乏が悪い（連続ピストル射殺魔）
・平日は寝不足になり、翌朝の仕事に響くので、休みの前だけ狙った（昼は真面目な運転手、夜はコソドロのタクシー・ドライバー）
・男として決意です（「首を切ったときの気持ちは」と聞かれた一家惨殺犯）
・僕、童貞だから、やり方が分からなかったんです（夜な夜な女性宅へ侵入、浣腸していた大学生）

・どんなことがあっても、ドラゴンズファンをやめないかと、信念を貫く大事さを教えるためにやった（中日ファンの生徒を殴った小学校教師）
・残念ですが、今度いただきます（金がなかった事務所に置き手紙した怪盗）
・可愛くてたまらず、つい手を出した。金髪にすると、もっとチャーミングになると思った（園児に強制わいせつした園長）
・鬱憤晴らしだった。どうせかけるなら、日本の代表の総理官邸がいいと思った（いやがらせ電話１４００回の高校教諭）
・昼食を食いそびれた恨みは消えない（カキフライの注文を忘れられ、腹いせに食堂を一年間を脅し続けた男）
・またですか？（「金落とした」寸借詐欺癖の少年の母。警察からの電話で）
・有名人を殴れば、有名になれると思った（タレントを襲った少年）
・酒を飲むと無性にさびしくなり、消防仲間に会いたくて火をつけた（連続放火の消防団員）
・俺みたいな馬鹿は、事件でも起こさないと直らない（某俳優）

これらは犯罪者の「悪い言い訳」で、ただの開き直りやおちょくり、論点ずらしに過ぎない。明らかに聞き手に納得してもらう観点が欠けているので、「おっしゃる通り」と感じる人はまずいないだろう。

「あなたは、とても繊細で知識のある人だから、言葉に反応するって。その反応が、とってもいいって言ってたわ。それから彼は、きっと言い訳が上手い人間だって。～中略～　言い訳する才能は、作家にとって、とっても大切な才能なのよ。言い訳が下手で短かったら長い文章書けないでしょ」（『これだっ！という「目標」を見つける本』、著／リチャード・H・モリタ）。

言い訳と「書く」「話す」の深い関係を鋭く突いた一文。自分だけではなく、他人の言葉一つ一つを気にかける習慣は言語反射神経（状況に合った言葉を瞬時に出せる能力）を研ぎ澄まし、言い訳やクレーム対応などを例にビジネス・スキル向上へ高い効果をもたらす。突破口として、咲に掲げた不祥事企業トップの脆弱な発言↓論旨展開を徹底添削してみよう。下手な表現者はどこに問題を抱えているか。わかってもらえる表現はどういうものかがよくわかる。

課題

次のような危機的状況での言い訳を考え、解説を付け加えよう。

1　「先日、主人が出張中の時のこと。友人に『今日は旦那が出張中なんだ！イエ～イ！』とメールするつもりが、間違って主人へ送信してしまった」

〈模範解答〉（メールで）「続きがあります」

たじろがず・あせらず。その場での瞬時的な対応が前提。自分で間違ったことへ気付いた時は、間髪入れずに「続きがあります」と送る。これに続くフレーズは「『…イエ～イ！』と感じたのはほんの一瞬。やっぱり、貴方のいない夜は辛い」。夫からの問い合わせで発覚した場合は、「続きがあるから、1分待ってて」。内容は「…ほんの一瞬……」と同種類でいく。

2　「同じ部署の人間と飲みに行った時、仕事で来られなかった同僚に、上司の悪口をメールするつもりが、間違えて上司本人へ送ってしまった」

〈模範解答〉「私の思いは1つです」

言い訳というより、火の手を広げない手を見つけなければならないケース。上司の性質にもよるが、「こんな悪口が飛び交うのが飲み会の常。でも、私の思いは1つです」。送ってしまった事実、見え隠れする上司への反抗心。これを完全否定するとかえって疑われたり、逆襲されるでしょう。「思い」は上司を肯定も否定もしていないが、何となく主張は感じられる。フレーズの意外性ですり抜けるパターンだ。

3 「ちょっと気がある（彼氏候補）ボーイ・フレンドに『何もしないから、今日泊めてくんない』と迫られた」

〈模範解答〉「何もしないなら断わる!!」

ボーイ・フレンドの気持ち（実は決定的な告白をしたい）を踏みにじってはいけな

いが、ずばりと断わりもしたい。発言を逆手に取って、彼の口を封じる手法。まさか、「じゃあ、するから」とは言えないだろう。

4　「妻（彼女）の携帯電話をいじっているところをばっちり見られ、『何やってのよ！　調べた内容を言いなさい!!』」と詰問された。

〈模範解答〉「そんなことより、電話に出たら男だったのは何だ？」

論点をすりかえて、問題視されたことをうやむやにしてしまう逆転技。「誰でもいいじゃない」「まあ、お互いさまってところだなあ」で大きな波風が立たずに終息する。

言い訳の定義を根本的に変える

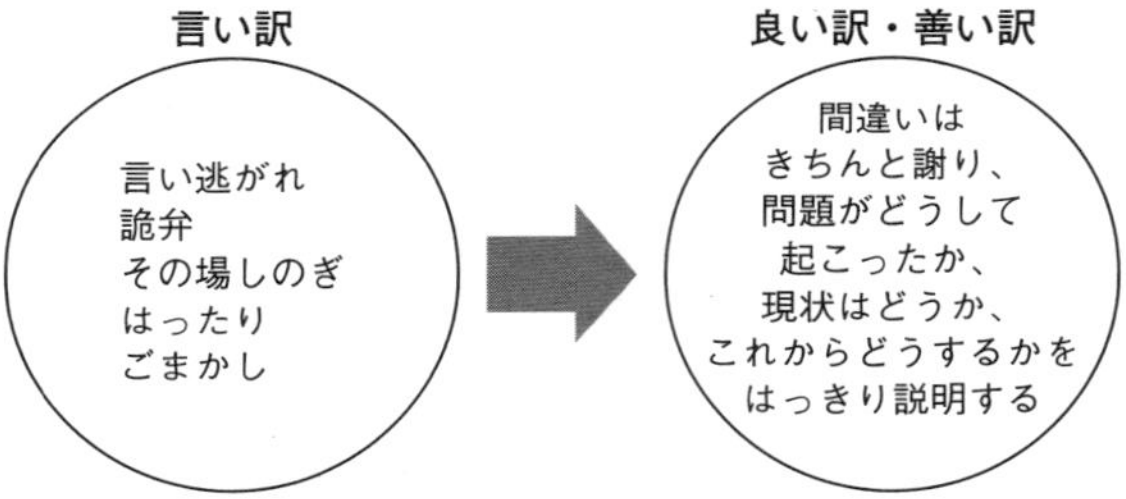
言い訳
言い逃がれ
詭弁
その場しのぎ
はったり
ごまかし
良い訳・善い訳
間違いは
きちんと謝り、
問題がどうして
起こったか、
現状はどうか、
これからどうするかを
はっきり説明する

言語反射神経を高める5つのポイント

1　相手の話をよく聞く
2　良い点は素直にほめる
3　感嘆詞（「へぇー」「なるほど」など）を使う
4　わからない場合はすぐ聞く
5　テーマに合った情報は出し惜しみしない

↓

会話の空白をなくして、言葉をどんどんつなげていくのが目的

プラス思考とマイナス思考の座標軸

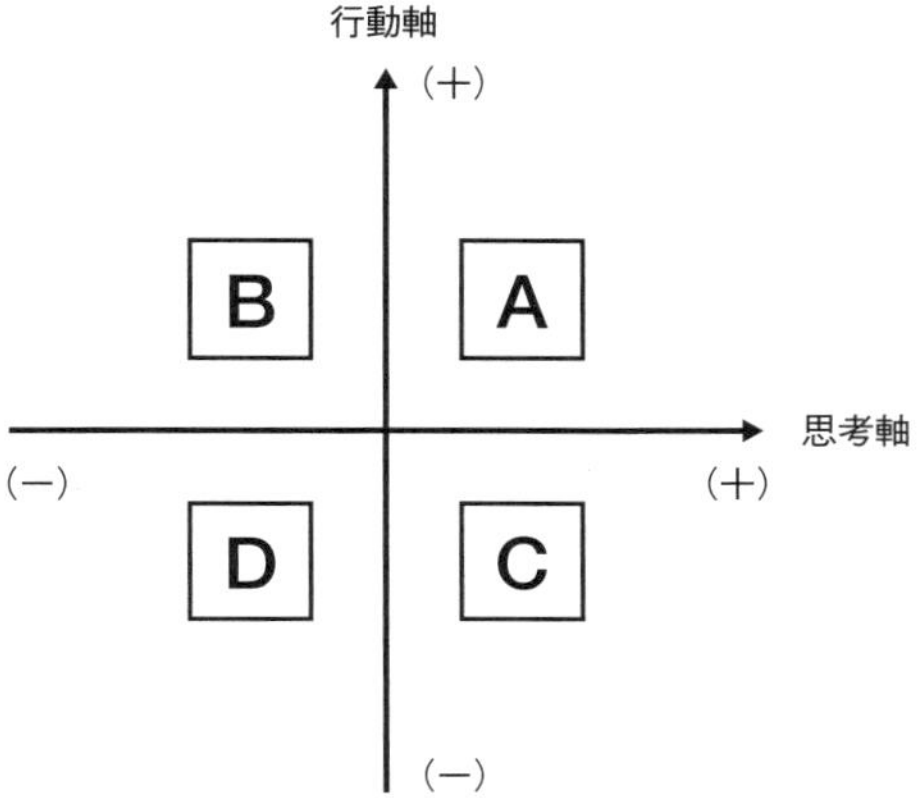

A　超建設的
B　基本的には建設的だが、たまに後ろ向き
C　基本的には建設的だが、多くが後ろ向き
D　超悲観的

第7章　観察・聴察力の高い人から学ぶ

◆見逃がさない、聞き逃がさないのがトークへ活きる

私は2006年の1月から3ヶ月間、フジテレビ『笑っていいとも！』木曜日の「口八丁手八丁」コーナーに、レギュラー解説者として出演していた。生放送、観客あり、人気番組ということで、テレビ素人の私は緊張でガクガクしっ放し。最初は事前に考えていた発言もほとんど言えなかった。解説者の口数が少なくてはまずいと思い、ディレクターへ「緊張せずに、もっと発言できるコツはありませんか」と質問したほどだ。そのディレクター曰く、「リハーサルの時に、タモリさんをよく見ておいてください」。その日以降、スタジオの隅からタモリさんを観察し始めた。

とにかく人とよく話している。そして、いろいろなことを見ている。できるだけ多くの材料を本番前に仕入れ、それを適材適所でアウトプットしている点に気付く。アドリブに耐えられるだけの周到な準備を怠っていないわけだ。トーク名人でいられる

コツを見たような気がする。見逃さない、そして聞き逃がさない。その丁寧な積み重ねがトークへ十分活きている。

さて、ここで次の課題へ挑戦して欲しい。時間は15分。ちなみにウチの生徒の一番人気は島田紳助さんだった。

記入例

●トーク上手と思う人は……秋山　仁さん（数学者）

●理由は……

・聴き手が興味を持つ話題から、トークの本題へ自然に誘引する

・ホワイト・ボードへ描いたり、小道具を使うなど視覚的に訴える

・確認、確認、また確認。「ここまでいいですか」「先ほども言いましたように」「もう1回、見て下さい」

●「◇◇力」で表わすと……

使命認識・伝達意欲力＋工夫力＋配慮力

【チェックシート】

有名・著名人でトーク上手だと思う人を3人書いてください

①（　　　　　　　　　）　②（　　　　　　　　　）

③（　　　　　　　　　）

その理由は何ですか。具体的に書いて下さい

①（　　　　　　　　　　　　　　　　　　　　　　　　　）

②（　　　　　　　　　　　　　　　　　　　　　　　　　）

③（　　　　　　　　　　　　　　　　　　　　　　　　　）

上記の理由を「◇◇力」で表現して下さい

①（　　　）力　（　　　）力　（　　　）力
②（　　　）力　（　　　）力　（　　　）力
③（　　　）力　（　　　）力　（　　　）力

では、反対の観点から課題をもう1つ。

記入例

●トーク下手と思うのは……モーニング・ショーに出ている某コメンテーター

●理由は……

・トークの本題からはずれていても、自分の意見をあくまでも押し通す。
・他の人が話しているのに、言いたい事が出てくると平気でさえぎる。
・当人が知識浅薄な話題だと、自分の意見は表わさずに他の人の意見に茶々を入れる。

有名・著名人でトーク下手と思う人を3人書いてください

①（　　　　　　　）　②（　　　　　　　）

③（　　　　　　　）

その理由は何ですか。具体的に書いて下さい

①（　　　　　　　　　　　　　　　　　　　　）

②（　　　　　　　　　　　　　　　　　　　　）

③（　　　　　　　　　　　　　　　　　　　　）

欠けている・ないものを「◇◇力」で表現して下さい

①（　　　　）力　（　　　　）力　（　　　　）力

②（　　　　）力（　　　　）力（　　　　）力
③（　　　　）力（　　　　）力（　　　　）力

冷眼観人、冷耳聴語、冷情當感、冷心思理（菜根譚203）……冷静な目で人物を観察し、冷静な耳で人の言葉を聞き、冷静な情で事物に触れて感じ、冷静な心で道理を考える。トーク名人になるには何をおいても、人の話をよく聞くことに尽きる。そして、自分が蓄積・整理体系化した情報を合わせ、相手を理解・納得・合意へ導く術を身につけたい。

◆苦言を呈してくれるアドバイス役を持つ

私がトーク上手として挙げるのはビートたけしさん。氏はトークにとどまらず、書籍や台本、映画まで幅広く、その表現力の豊かさを披露。ひいては、東京芸術大学の客員教授にまでなった。書籍はツービート時代の『わッ毒ガスだ』『もはやこれまで』などサブ・カルチャー本を手始めに、『たけし!』『ビートたけしのみんなゴミだった』

といった半生記もの。『たけしくんハイ』『あのひと』『漫才病棟』などの文芸作品、『毒針巷談』『だから私は嫌われる』に代表される風刺ものまで、「話す力」を元に「書く力」で才覚を存分に発揮し続けている点はすごい。

昭和56年1月から10年間続けたニッポン放送「オールナイトニッポン」。開始当時、私ははがき職人の1人でスタジオ見学させてもらったことがある。テレビ画面からは想像つかないくらい寡黙で、分厚いノート書き溜めたネタを打ち合わせでスタッフへ披露。意見や反応を一つ一つ丁寧に書き留め、ネタを加工していった姿は今でも鮮明に覚えている。弟子になったばかりのそのまんま東さんの声へも殊勝に耳を傾け、「どんなことも聞き逃がさない・見逃がさない」姿勢に私は感銘を受けた。

漫画家の高新太郎さんの著書『ビートたけしの賞味期限』を読むと、たけしさんの表現力の高さを支えるポイントがよくわかる。1つは人たらし。あまりいい言葉ではないかもしれないが、好き嫌いや相性の善し悪しで判断せず、「どんな人からも吸収する」姿勢を貫く意志と具体的行動。次にブレインの巧みな作り方で、自分が表現したいものを大衆の支持を受けるように推敲してくれる人を複数持つ。放送作家の高田文夫さんもその1人で、「オールナイトニッポン」をはじめ、「笑ってごまかせ」「北野ファンクラブ」など2人で生んだヒット作は数多い。アドバイス役、パートナー、メンター（精神的にも支えてくれる人）・・・。呼び名はいろいろあるが、名人の陰には時に苦言を呈する参謀あり。「書く」「話す」力を着実に上げるのに欠かせない武装手段と言えるだろう。

◆文章・発言は広報的な情報発信

知り合いに紹介していただき、バリューインテグレーター（価値統合家）の山見博康さんに出会った。あらゆるものに価値を見い出し、独創的に統合し、革新的ビジネスを創造する――これをうたい文句に、広報広告PRとマーケティング、人材紹介を三本柱としてM&Aや起業家支援のプロモーション事業を手掛けている方。『広報の達人になる法』『だから嫌われる―人に好かれる法　五十カ条』などの著書を持つ。

氏の強い持論は「広報は経営の一部」で、「買っていただくには、まだ買っていない人々つまり潜在顧客に知らせる必要がある。ということは、ビジネスの始まりはまず誰かにその商品・サービスを知っていただくことになる。知っていただかなくては何ごとも始まらない」（『会社をマスコミに売り込む法』より）。この一文は言い得て妙で、広報とは文字通りに広く報《しら》せること。その活動とは「何を報せ、どのように知ってもらうか」を物語る。この本は中小・ベンチャー企業向けに書かれたものだが、十分に個人へ応用できる。

伝えたいことがいくらあっても知ってもらえなければ、興味・関心をいだいてはもらえな主張や意見を効果的に表現し、自価（自分の価値）を高め、多くの人から支持を得るためには、自分の「作品」を広く・深く知らしめる努力を続けなければならないのだ。山見さんが「広報は経営の一部」と力説する理由はここにある。文章や発言は自分にとっての情報発信で、「広報担当社長であるべき」の見解も面白い上に共感が持てる。数多く発信していくにしたがい、どうしたら読み手・聞き手に喜んでもらえるかが肌でわかってくる。受信よりも発信をとにかく徹底したい。

◆外で動いて、内向きの生活習慣を正す

私は早1年、毎朝約5キロのウォーキングをしていることは先に述べた。雨や雪の日も決行したから、われながらよく続くと思う。健康管理のためとは言え、始めた1週間くらいは苦痛だったが、不思議なもので日数が経てば経つほど、歩かないと気持ち悪くなってきた。同時にウォーキング中にいろいろな企画や文章の言い回しを考えたり、気分もすっきりする効果も出てきた。歩くことでストレスホルモンが減少する代わりに、脳を刺激するβ-エンドルフィンやドーパミンなどのホルモンが分泌される。これらは気分を高揚させるもので、「嫌なことを忘れ、爽快な気分で歩けるようになる～中略～　ドーパミンは期待感ホルモンの名もある通り、夢や目標への期待感を大きくふくらませる物質である～中略～　歩けば歩くほど、物事をプラス方向に考えられるようになる」（高橋恭一『あなたの脳を鍛えるカンタン習慣術』）。

また、私が「表現上手」と思う人の大半が笑わせ上手だ。その1人がNew-S証券社長の西川敏明さん。氏は対話中で相手の笑いのつぼをつかみ、短い言葉で笑いを取る。自分の立場をきちんと認識し、聞き手を尊重しながら笑わせるのには高いコミュニケ

ーション能力が必要。絶妙なテンポと間合い、豊富な語彙は人との積極的な交流から生まれたに違いない。この経験蓄積と継続が場の空気を読み、次々と商談を成立させる理由と周囲は賞賛を惜しまない。

ウォーキングとお笑い。2つの生活習慣について述べたのは、「書く」「話す」体力増強へ大いに役立つと考え、感じているからだ。内向きの生活環境・発想から、人を引きつける表現は生まれない。脳を柔らかくする癖は自然と自己広報の意識を根づかせ、できる人へと変身させていく。冒頭でも表わしたように、一流のビジネス人になるための一過程である。眞のコミュニケーションは、きちんと「書く」「話す」ことができているからこそ図れるものだ。

これからはよりいっそうプレゼンテーションの時代が来る。自分をどれだけ正しく・効果的に売り込めるかが拡大成長のカギを大きく握る。それに必要なのは、まぎれもなく高い表現力。「書く」「話す」ことに他ならない。「できる人は『書ける』」をひも解けば、●多くの情報から適切なものを取捨選択し、●状況に応じて、●強く・正しく、●わかりやすく、●ポイントを絞って、文字に変える技術を意味する。それはまた、日常生活で数多の文章に触れた上で自分でも精力的に書き、いろいろな助言を取り入れながら、水準を高める環境を意識して創ることでもある。

そして、文章にしたものを話すのは自己表現の最高峰。先の5つに加え、聞き手を引きつける演出が必要だ。どんな素晴らしい中身でも、伝える工夫がなければ単なる「放送」になりかねない。主役は読み手・聞き手。これを忘れずに、「わかってもらえる」ように不断の訓練を続けて欲しい。できる人の文章・会話は、絵本のようにやさしく、教科書のように正しい。

「書く」「話す」力を伸ばす5つの習慣

●いつも「何故だろう」の意識を持つ

疑問なきところに発見・上達・成長はあり得ない。この意識浸透は文章内に「〜だから」の理由付けを定着させ、文章精度をぐっと高める。

●人の文章・コメントを修正しまくる

人の振り見て、わが振り直せ。他人の欠点へ目が行きがちな特性に逆らわず、自分の技量磨きへ活かす。直し上手は直させ上手だ。

●憧れの書き手・話し手を見つける

模倣は上達する手法の1つ。目標にする人を立て、一言一句を何回も読み・聞き直してみる。うまくなった気になる環境作りも効果は大きい。

SoftBank Creative

2007年4月16日発行 第2号

ソフトバンク新書 図書案内

好奇心の扉を開け!

●表示価格はすべて税込み価格です。 ソフトバンク クリエイティブ株式会社 東京都港区赤坂4-13-13

4月の新刊

第一人者による、2時間でわかる中国語の基礎

はじめての中国語「超」入門

相原 茂

七八八円／978-4-7973-4133-1

21世紀の国際人は、母国語・英語・中国語を自在に操る!? 日本人にもなじみ深い漢字で書かれる中国語。しかし自分の名前さえ、まったく違う音に変わってしまう不可思議なことば。親近感と戸惑いが同時に襲うこの語学学習を、スムースに始めるための入門書が誕生! 発音と基本文のしくみ、旅で使える決まり文句も紹介。

ビジネスに必要なプレゼン力を高める!

できる人の「書きかた」「話しかた」

伝えたいことを確実に伝える表現力

吉野 秀

七三五円／978-4-7973-4117-1

話すことが苦手な人、文章をまとめるのが苦手な人。この2つの原因は1つに集約できる。まとめる力、つまり要点を見つけ出す力が不足しているだけなのだ! 物事を整理体系化する能力を高めながら、伝えたいことを正確に伝える技術も向上させるトレーニングブック。

●1日平均10人との対話を心がける

表現は会話で揉みほぐしてこそ、角が取れるなどセンス・アップする。十人十色と言うように、多くの状況変化を楽しめるようになったらしめたものだ。

●気分・思考転換に軽運動へ取り組む

頭の中だけで考えをぐるぐる回しても、実践的な表現力は身につかない。体を動かしながら脳を活性化。固定観念を突き破る生活のリズムを創ろう。

自己成長の考え方

理念の確立

↓

ビジョンのさらなる明確化

↓

その達成手法のさらなる鮮明化

↓

自己成長戦略

↓

ICR

(インフォメーション・コミュニケーション・リレーションズ
＝情報共有化による円滑な自己PR活動)

↓　↓

他人への尊重　周辺への信頼提供

↓

↓

↓

基礎体力の再強化とコミュニケーション能力の向上

土台となる「自己成長戦略」の強化

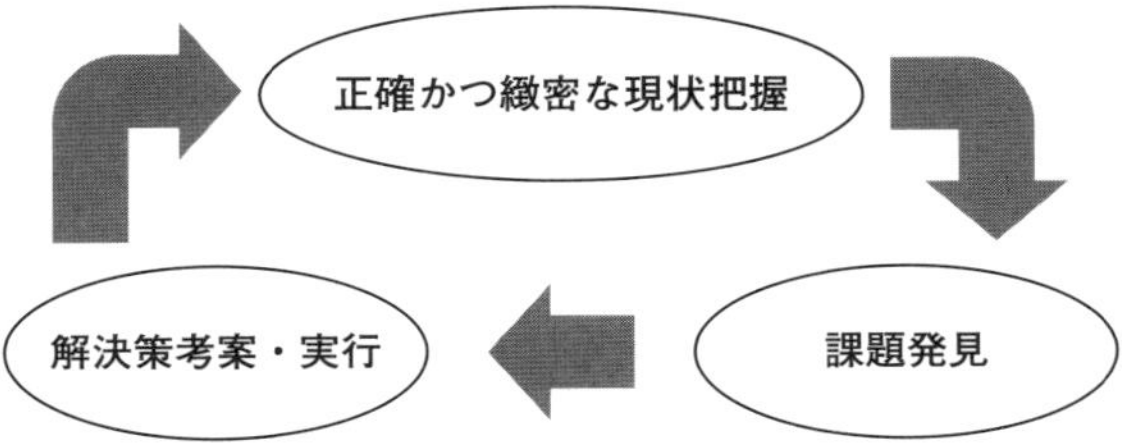

このサイクルを繰り返す事で、戦略的に自分を創っていく

著者略歴

吉野 秀（よしの すぐる）

1963年生まれ。中央大学経済学部卒業。日経ホーム出版社で各誌の編集を務め、「日経アドレ」では編集長として誌をまとめる。その後金融、流通、転職、就職、企業経営、IRなど、多ジャンル編集長を歴任。現在は経営コンサルティング、研修・セミナー講師、執筆などの活動を行っている。著書『言い訳の天才』（すばる舎）が話題になり、06年1月〜3月末までフジテレビ「笑っていいとも！」木曜日・「口八丁手八丁・いいわけ番長」コーナーに解説者でレギュラー出演。近著に『無敵のケンカ交渉術』（すばる舎）、『「言い訳」がよい訳』（桃園書房）などがある。ブログはhttp://yaplog.jp/iiwake/0218
「渋谷ビジネスリーダー塾」（http://www.shibuya-business-leaders.com/）主宰

ソフトバンク新書 039

できる人《ひと》の「書《か》きかた」「話《はな》しかた」

伝《つた》えたいことを確実《かくじつ》に伝《つた》える技術《ぎじゅつ》

2007年4月25日 初版第1刷発行

著 者：吉野《よしの》 秀《すぐる》

発行者：新田光敏

発行所：ソフトバンク クリエイティブ株式会社
〒107-0052 東京都港区赤坂 4-13-13

営 業：03-5549-1201

装 幀：松 昭教
組 版：クニメディア株式会社
印刷・製本：図書印刷株式会社

落丁本、乱丁本は小社営業部にてお取り替えいたします。定価はカバーに記載されております。
本書の内容に関するご質問等は、小社第2書籍編集部まで必ず書面にてご連絡いただきますようお願いいたします。

ISBN 978-4-7973-4117-1